Kohlhammer

Der Autor

Maik Teriete ist Sozialpädagoge mit Weiterbildungen in systemischer Einzel-, Paar- und Familientherapie sowie systemischer Supervision. Den Bereich Autismus kennt er seit mehr als zwanzig Jahren. Zunächst in der Förderung von Menschen mit Autismus tätig, führte er später auch Fachberatungen und Fortbildungen durch. Zudem übernahm er die Leitung zweier Förder- und Beratungsstellen. Heute ist er in freier Praxis als systemischer Supervisor, Coach, Fachberater und Fortbilder in verschiedenen Arbeitsfeldern in Berlin tätig.

Maik Teriete

Systemische Beratung bei Autismus

Ressourcen aktivieren, Lösungen finden, einfach helfen

Verlag W. Kohlhammer

Dieses Werk einschließlich aller seiner Teile ist urheberrechtlich geschützt. Jede Verwendung außerhalb der engen Grenzen des Urheberrechts ist ohne Zustimmung des Verlags unzulässig und strafbar. Das gilt insbesondere für Vervielfältigungen, Übersetzungen, Mikroverfilmungen und für die Einspeicherung und Verarbeitung in elektronischen Systemen.

Pharmakologische Daten, d. h. u. a. Angaben von Medikamenten, ihren Dosierungen und Applikationen, verändern sich fortlaufend durch klinische Erfahrung, pharmakologische Forschung und Änderung von Produktionsverfahren. Verlag und Autoren haben große Sorgfalt darauf gelegt, dass alle in diesem Buch gemachten Angaben dem derzeitigen Wissensstand entsprechen. Da jedoch die Medizin als Wissenschaft ständig im Fluss ist, da menschliche Irrtümer und Druckfehler nie völlig auszuschließen sind, können Verlag und Autoren hierfür jedoch keine Gewähr und Haftung übernehmen. Jeder Benutzer ist daher dringend angehalten, die gemachten Angaben, insbesondere in Hinsicht auf Arzneimittelnamen, enthaltene Wirkstoffe, spezifische Anwendungsbereiche und Dosierungen anhand des Medikamentenbeipackzettels und der entsprechenden Fachinformationen zu überprüfen und in eigener Verantwortung im Bereich der Patientenversorgung zu handeln. Aufgrund der Auswahl häufig angewendeter Arzneimittel besteht kein Anspruch auf Vollständigkeit.

Die Wiedergabe von Warenbezeichnungen, Handelsnamen und sonstigen Kennzeichen in diesem Buch berechtigt nicht zu der Annahme, dass diese von jedermann frei benutzt werden dürfen. Vielmehr kann es sich auch dann um eingetragene Warenzeichen oder sonstige geschützte Kennzeichen handeln, wenn sie nicht eigens als solche gekennzeichnet sind.

Es konnten nicht alle Rechtsinhaber von Abbildungen ermittelt werden. Sollte dem Verlag gegenüber der Nachweis der Rechtsinhaberschaft geführt werden, wird das branchenübliche Honorar nachträglich gezahlt.

Dieses Werk enthält Hinweise/Links zu externen Websites Dritter, auf deren Inhalt der Verlag keinen Einfluss hat und die der Haftung der jeweiligen Seitenanbieter oder -betreiber unterliegen. Zum Zeitpunkt der Verlinkung wurden die externen Websites auf mögliche Rechtsverstöße überprüft und dabei keine Rechtsverletzung festgestellt. Ohne konkrete Hinweise auf eine solche Rechtsverletzung ist eine permanente inhaltliche Kontrolle der verlinkten Seiten nicht zumutbar. Sollten jedoch Rechtsverletzungen bekannt werden, werden die betroffenen externen Links soweit möglich unverzüglich entfernt.

1. Auflage 2020

Alle Rechte vorbehalten
© W. Kohlhammer GmbH, Stuttgart
Gesamtherstellung: W. Kohlhammer GmbH, Heßbrühlstr. 69, 70565 Stuttgart
produktsicherheit@kohlhammer.de

Print:
ISBN 978-3-17-034242-2

E-Book-Formate:
pdf: ISBN 978-3-17-034243-9
epub: ISBN 978-3-17-034244-6
mobi: ISBN 978-3-17-034245-3

Inhaltsverzeichnis

Vorwort		7
1	**Was ist Autismus?**	9
2	**Was bewirkt Autismus?**	17
	2.1 Was bewirkt Autismus bei den Betroffenen?	17
	2.2 Was bewirkt Autismus bei Familien?	23
	2.3 Was bewirkt Autismus bei Fachleuten?	29
3	**Unterschiedliche Kontexte**	32
	3.1 Autismus in der Kita	32
	3.2 Autismus in der Schule	36
	3.3 Autismus in Wohnstätten	44
	3.4 Autismus in Förder- und Beratungsstellen	48
4	**Autismusspezifische Förderung**	53
	4.1 Finanzierung und methodisches Vorgehen in Förderstellen	53
	4.2 Auswahl unterschiedlicher Methoden	54
	4.3 Welche Methode passt zu welchem Menschen mit Autismus?	60
	4.4 Evaluierung der Förderung	61
5	**Systemische Therapie**	63
	5.1 Entstehung und unterschiedliche Richtungen	63
	5.2 Theoretischer Hintergrund	68
	5.3 Systemische Sicht auf Probleme	72
	5.4 Systemische Therapie bei Menschen mit Behinderung	73
6	**Autismus-Therapie und systemische Therapie**	77
	6.1 Gemeinsamkeiten und Unterschiede	77
	6.2 Umgang mit Diagnosen	77
	6.3 Unterschiedliche Sichtweisen innerhalb der systemischen Therapie	78
	6.4 Hilfe für die Einzelne und/oder für das gesamte System?	79
	6.5 Entstehungsgeschichten	80
	6.6 Der Stellenwert von Kommunikation in der Autismus-Therapie und in der systemischen Therapie	81

	6.7	Umsetzung der systemischen Therapie in der Autismus-Therapie	82
	6.8	Entlastung von Therapeutinnen durch die systemische Sichtweise im Bereich Autismus	86
	6.9	Grenzen der systemischen Therapie im Bereich Autismus	87
	6.10	Systemische Therapie und Autismus-Therapie im Wandel	89
7	**Systemische Beratung**		93
	7.1	Hintergrund Supervision	93
	7.2	Systemische Supervision	93
	7.3	Abgrenzung Therapie und Supervision	94
	7.4	Abgrenzung Fachberatung und Supervision	96
	7.5	Fachberatung im Bereich Autismus	97
	7.6	Abgrenzung systemische Beratungsarbeit	100
	7.7	Supervision im Bereich Autismus	101
		7.7.1 Wie kann Supervision im Bereich Autismus wirksam sein?	102
		7.7.2 Was wirkt lähmend?	106
		7.7.3 Fragetechniken	107
		7.7.4 Methoden in der Supervision	108
		7.7.5 Tools zur Fallbearbeitung	112
8	**Die gelungene Verbindung autismusspezifischer Arbeit und systemischer Beratung**		116
	8.1	Die Haltung	116
	8.2	Der Rahmen	120
	8.3	Die Umsetzung	121
	8.4	Geteilte Verantwortung in der Unterstützung	127

Literaturverzeichnis 134

Stichwortverzeichnis 137

Vorwort

Warum dieses Buch?

Der Entschluss, dieses Buch zu schreiben, kam nicht »über Nacht«, sondern entstand eher nach und nach. Mehrere Jahre war ich skeptisch gewesen, ob sich die Arbeit im Bereich Autismus überhaupt mit dem systemischen Ansatz vereinbaren ließe. Machte ich diesbezüglich in meinen Förderungen mit Menschen mit Autismus unterschiedliche Erfahrungen, so gelang die Übertragung der systemischen Methoden in die Supervision in diesem Bereich ohne Probleme. »Rückenwind« bezüglich der Vereinbarkeit erhielt ich durch positive Rückmeldungen von Teilnehmenden meiner Fortbildungen zum Thema Autismus hinsichtlich meiner offensichtlich systemischen Beschreibungen oder meiner Betrachtungsweise des Themas. Ein weiterer »Prüfstein« war meine Abschlussarbeit der Weiterbildung »systemische Supervision«, die ich ebenfalls zum Thema Autismus schrieb.

In der Praxis werden die Grundlagen und die Methoden der systemischen Therapie und der systemischen Supervision bereits seit vielen Jahren breit angewandt. Literatur zum Thema »systemische Therapie im Bereich Behinderung« gibt es bisher wenig. Schon gar nicht im Bereich Autismus. Dabei gibt es hier m. E. zahlreiche Ansatzpunkte, die beispielsweise in den Förder- und Beratungsangeboten durch die Integration systemischer Methoden verbessert werden könnten. Es wäre sehr schön, wenn das Buch einen Anstoß geben könnte, die systemische Arbeit im Bereich Autismus voranzubringen. Konkrete Vorschläge hierzu finden sich in den einzelnen Kapiteln.

Dieses Buch soll eine Grundlage sein für Therapeuten, Psychologinnen und Supervisoren, die sich der Thematik Autismus neu, weiter oder intensiver zuwenden wollen. Es soll die Professionalisierung in der Beratung in diesem Bereich unterstützen und als Grundlage für neue Ideen und konkrete Beratungsangebote dienen.

Zur Form dieses Buches

In diesem Buch finden sich allgemeine Informationen und Hintergrundwissen zum Thema Autismus, kombiniert mit konkreten Erfahrungen, die ich während meiner langjährigen Arbeit in diesem Bereich machen durfte (▶ Kap. 2.1, ▶ Kap. 3.4). Auch Kommentare und Zitate von Menschen mit Autismus werden integriert. Jegliche Praxisbeispiele sind vollkommen anonymisiert, sodass ein Rückschluss auf etwaige Personen aus dem realen Leben nicht möglich ist. Als weiteres Element werden Fragetechniken und Tools beschrieben, die in der Beratungsarbeit in diesem Bereich direkt eingesetzt werden können. Ziel des Buches ist es, dem Thema einerseits in seiner Komplexität und Vielschichtigkeit gerecht zu werden, und andererseits durch konkrete Praxisbeispiele und Anregungen die Verbindung zum Arbeitsalltag zu ermöglichen.

Als Online-Zusatzmaterial stehen darüber hinaus eine Liste mit ausgewählten deutschlandweiten Angeboten für Menschen mit Autismus und ihre Bezugspersonen, weiterführende Informationen (z. B. Auswahl hilfreicher Materialien, Webseiten u. ä.) sowie die Vorlagen zweier Arbeitsblätter (Tools »Von 0-10« und »Eisbergmodell) zum Download zur Verfügung.

> Die Zusatzmaterialien[1] können Sie unter folgendem Link herunterladen:
> https://dl.kohlhammer.de/978-3-17-034242-2

In diesem Buch wird für Helfende und Beratende in der Regel die weibliche Schreibweise gewählt, für Klienten die männliche. Eine passende Form, die alle Geschlechter und Geschlechtsidentitäten einbezieht, konnte leider nicht gefunden werden, wofür wir uns an dieser Stelle entschuldigen möchten.

---

1 Wichtiger urheberrechtlicher Hinweis: Alle zusätzlichen Materialien, die im Download-Bereich zur Verfügung gestellt werden, sind urheberrechtlich geschützt. Ihre Verwendung ist nur zum persönlichen und nichtgewerblichen Gebrauch erlaubt. Jede Verwendung außerhalb der engen Grenzen des Urheberrechts ist ohne Zustimmung des Verlags unzulässig und strafbar. Das gilt insbesondere für Vervielfältigungen, Übersetzungen, Mikroverfilmungen und für die Einspeicherung und Verarbeitung in elektronischen Systemen.

1 Was ist Autismus?

»Ich gehöre zum Spektrum Mensch«
(Gee Vero, 2017)

Seit der ersten Erwähnung des Begriffs Autismus 1911 durch Eugen Bleuler und den Forschungen von Leo Kanner sowie Hans Asperger Ende der 1930er und Anfang der 1940er Jahre, hat sich die Sicht auf Autismus stark verändert – ein Prozess, der bis heute anhält.

Für die Weltgesundheitsorganisation gehört Autismus zu den tiefgreifenden Entwicklungsstörungen. Das heißt, Autismus beginnt früh – schon vor der Geburt bzw. bis zum dritten Lebensjahr. Autismus als eine tiefgreifende Entwicklungsstörung zu betrachten heißt auch, dass Autismus komplex ist und sich auf alle Bereiche der Entwicklung auswirkt. Der Grad der Beeinträchtigung schwankt dabei von Mensch zu Mensch teilweise erheblich. Auch die Frage, ob Autismus einen gewissen Leidensdruck erzeugen kann, ist durchaus unterschiedlich zu beantworten (► Kap. 2.1). Bei den autistischen Menschen, die schwer geistig beeinträchtigt sind und die sich nicht verbal äußern können, ist die Beantwortung dieser Frage zusätzlich erschwert.

Symptomatik

Sowohl in der Diagnostik als auch in der Förderung und Therapie werden drei Hauptbereiche oder Schwerpunkte unterschieden: Kontakt, Kommunikation und Interessen bzw. Handlung. Diese Begriffe sind Vereinfachungen der diagnostischen Kriterien »Störungen der Interaktion«, »Störungen der Kommunikation« und »stereotype, repetitive Verhaltensweisen« (Vogeley, 2016, S. 127 ff.).

Bei aller Unterschiedlichkeit der Menschen mit Autismus treten bei der Mehrzahl Schwierigkeiten in diesen drei Bereichen auf. In letzter Zeit gerät zudem zunehmend das Thema Stress bei Menschen mit Autismus in den Fokus der Förderung.

Diagnostikmanuale ICD und DSM

In den üblichen Manualen, nach denen Diagnosen international gestellt werden, gibt es unterschiedliche Entwicklungen. Wurde bislang in unterschiedliche Unterdiagnosen unterteilt (► Kasten), geht man heute immer mehr dazu über, von »Autismus-Spektrum-Störung« zu sprechen und auch die Diagnose entsprechend anzupassen.

> **Aktuelle Klassifikation nach ICD-10 (Dilling et al., 2015)**
>
> - F 84.0 Frühkindlicher Autismus: Menschen mit Autismus und geistiger Behinderung, oft auch ohne verbale Sprachentwicklung
> - F 84.1 Atypischer Autismus: Menschen mit »ungewöhnlichem« Autismus, bei denen einer der Hauptbereiche nicht mit betroffen ist und Informationen fehlen, um eine andere Diagnose stellen zu können aus dem Bereich Autismus
> - F 84.5 Asperger-Syndrom: Menschen mit Autismus und normaler bis überdurchschnittlicher Intelligenz, die verbal kommunizieren und deren Sozialverhalten unterschiedlich stark beeinträchtigt ist

In der aktualisierten Version der »Diagnostic and Statistical Manual of Mental Disorders« (DSM-5; American Psychiatric Association, 2013), ist der Begriff Autismus-Spektrum-Störung bereits enthalten.

Die neue Version des alternativen Diagnostikmanual »International Classification of Diseases«, (ICD), auf dessen Grundlage in Deutschland Diagnosen aufgeschlüsselt werden, befindet sich aktuell in der Überarbeitung. Der Begriff Autismus-Spektrum-Störung wird in die ICD-11 übernommen werden.

Autismus-Spektrum-Störung

Autismus folgt dann keiner kategorialen Diagnostik mehr, in der nach »normal« und »abnormal« unterschieden wird, sondern einer dimensionalen Diagnostik, die zwischen einer schwachen und starken Ausprägung bestimmter vorliegender Merkmale unterscheidet. Alle Menschen mit Autismus werden folglich zusammengenommen und nicht mehr einer der – ohnehin schwierig voneinander abzugrenzenden – Unterkategorien »zugeordnet«. Zudem kann auf diese Weise eine Einschätzung bezüglich des Schweregrades der Störung sowie im Hinblick auf den Grad des Unterstützungsbedarfes getroffen werden (▶ Abb. 1.1).

Der Beobachtungstest CARS-2 (Schopler, van Bourgondien, Wellmann & Love, 2010) bietet eine Erklärungsmöglichkeit in Form einer Art »Koordinatensystems« an mit den zwei Achsen »Autismus-Ausprägung« (mild–schwer) und »kognitive Fähigkeiten« (beeinträchtigt–intakt) (▶ Abb. 1.2). Bei einer milden Form von Autismus beeinträchtigen soziale und verhaltensbezogene Schwierigkeiten die Anpassung nur minimal, bei einer schweren Form sind die Auswirkungen schwerwiegen. Beeinträchtige kognitive Fähigkeiten zeigen sich durch eine intellektuelle Behinderung und fehlende verbale Fähigkeiten wohingegen Personen mit intakten kognitiven Fähigkeiten einen (über)durchschnittlichen IQ und verbale Kompetenzen aufweisen. Je nach Ausprägung auf den beiden Achsen lassen sich unterschiedliche Personen bildlich gesprochen wie »Koordinatenpunkte« auf dem Spektrum abbilden.

1 Was ist Autismus?

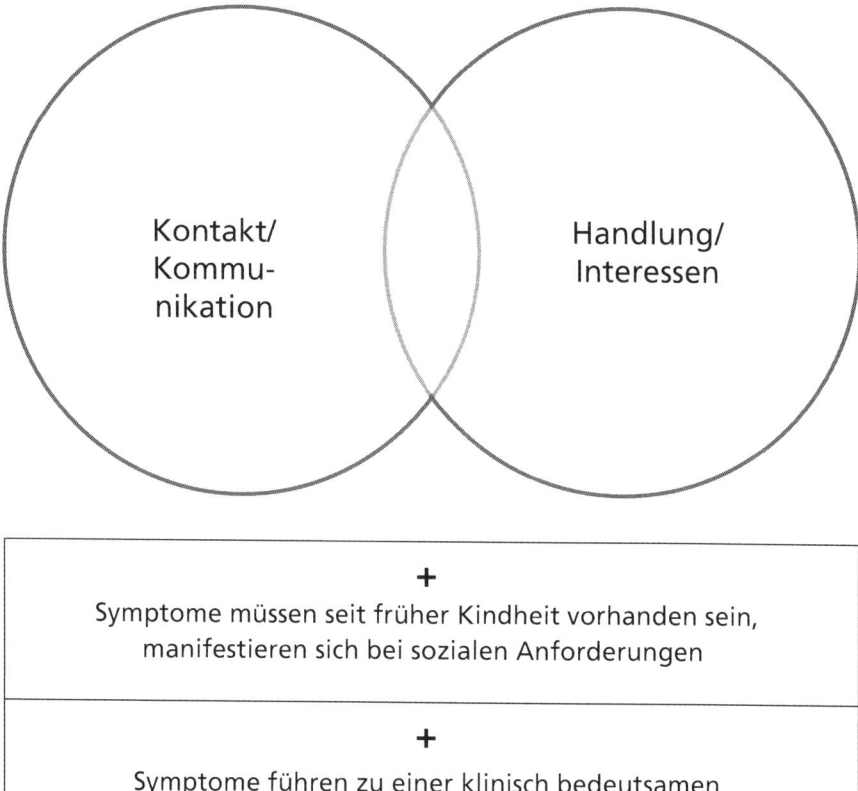

Abb. 1.1: Grundbereiche der Diagnose Autismus-Spektrum-Störung nach DSM-5

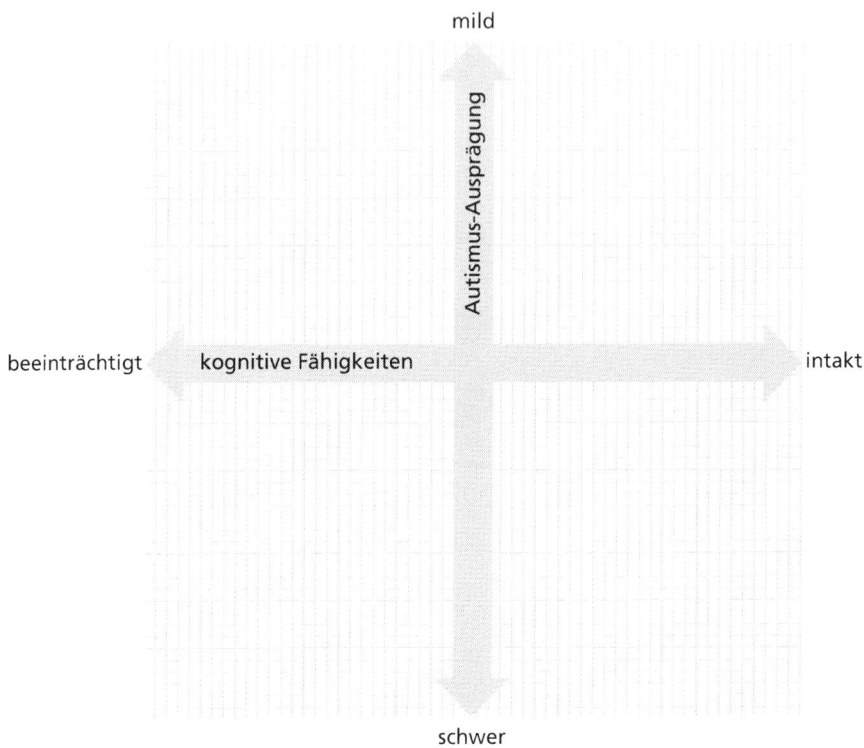

Abb. 1.2: Das autistische Spektrum in Anlehnung an die Childhood Autism Rating Scale (CARS)

Veränderung des Verständnisses von Autismus und Verschiebung des Hauptfokus innerhalb des Spektrums

Menschen mit hochfunktionalem Autismus, die Partnerschaften führen und einem Beruf nachgehen, werden innerhalb des Autismus-Spektrums »miterfasst«. Die Grenze zum »Anders-sein« in Bezug auf die entsprechenden Besonderheiten ist insgesamt fließend.

Insgesamt lässt sich festhalten, dass sich die Aufmerksamkeit in Bezug auf das autistische Spektrum geändert hat. Standen früher Menschen mit Autismus und geistiger Behinderung besonders im Fokus der Aufmerksamkeit, hat sich diese Aufmerksamkeit aktuell stärker in Richtung des Asperger-Syndroms verschoben, d. h. auf Menschen mit normaler bis überdurchschnittlicher Intelligenz. Die aktive Teilnahme an der Diskussion um das Thema Autismus durch selbst betroffene Menschen ist hier als ein möglicher Grund zu nennen.

Unabhängig davon, welche »Diagnose« genau vergeben wird bzw. wo sich ein Mensch mit Autismus auf dem Spektrum vielleicht auch selbst einordnen würde, bleibt unbestritten, dass Autismus mit Beeinträchtigungen oder Belastungen einhergeht, z. B. aufgrund von Besonderheiten in der Wahrnehmung. Die Suizidrate innerhalb der Gruppe der Menschen mit Autismus ist erhöht

(Bölte, 2017). Auch treten komorbide Störungen wie Depression, Angststörungen oder Psychosen gehäuft auf, was durchaus nahelegt, Belastungen weiter als eine mit dem Thema Autismus allgemein eng verknüpfte Thematik zu betrachten (▶ Kap. 2.1).

Häufigkeit

Zur Häufigkeit von Autismus gibt es unterschiedliche Schätzungen (▶ Tab. 1.1). Weltweit geht man je nach Quelle davon aus, dass bis zu 1 % der Menschheit betroffen sein könnte. Laut den Angaben von »Autismus Deutschland« (o. D.) gibt es keine genauen Angaben zur Häufigkeit von Autismus-Spektrum-Störungen in Deutschland. Die entsprechenden Schätzungen beruhen auf Untersuchungen in Europa, Kanada und den USA.

Tab. 1.1: Geschätzte Häufigkeit von Autismus-Spektrum-Störungen (Autismus Deutschland, o. D.),

Autismus-Spektrum-Störungen	Häufigkeit in Deutschland (in Personen)
Alle Autismus-Spektrum-Störungen:	6–7 pro 1000
Frühkindlicher Autismus:	1,3–2,2 pro 1000
Asperger-Autismus:	1–3 pro 1000
Andere tiefgreifende Entwicklungsstörungen:	3,3 pro 1000

Die Zahl der Autismusdiagnosen wächst (Vogeley, 2016; Bölte, 2015). Dieser Anstieg kann unterschiedliche Gründe haben. Einer davon ist sicherlich, dass es bessere Diagnosemöglichkeiten für die Betroffenen gibt, als noch vor zehn Jahren (Vogeley, 2016). Darüber hinaus stimmen die meisten Fachleute »darin überein, dass es keine gute Erklärung dafür gibt, dass die tatsächliche Zahl autistischer Störungen zunehmen könnte« (Vogeley, 2016, 156).

Verhältnis Männer und Frauen mit Autismus

Autismus betrifft mehr Männer als Frauen. Vogeley schreibt hierzu: »Im Erwachsenenalter überwiegen Angaben zur Geschlechtsverteilung im Bereich von 2:1, während im Kindesalter Verhältniszahlen von 4:1, im Fall von Kindern mit Asperger-Syndrom sogar Verhältniszahlen von bis zu 11:1 berichtet wurden« (2016, S. 160).

Die Ungleichheit bei den Diagnosestellungen in Bezug auf das Verhältnis zwischen Männern und Frauen könnten für Vogeley darauf zurückzuführen sein, »dass Mädchen im Kindesalter und/oder Männer im Erwachsenenalter ›übersehen‹ werden.« (Vogeley, 2016, S. 162). Über die Gründe dieser Ungleichheit kann nur spekuliert werden. Vogeley nennt als möglichen Grund für eine höhere Zahl von Diagnosestellungen bei erwachsenen Frauen, dass sie erst spät auffielen, wenn sie kein Interesse für die »klischeehaft typisch genannten ›Frauenthemen‹ (Partnerschaft, Kinder, äußeres Erscheinungsbild) aufbringen könn[t]en« (Vogeley, 2016).

Ursachen von Autismus

Aktuell geht man davon aus, dass es nicht eine, sondern mehrere Ursachen für Autismus gibt. Genetik spielt hierbei eine Rolle (vgl. auch Bernard, 2018). Bei 95,7 % eineiiger Zwillingspaare sind beide Geschwister betroffen (Dzikowski, 1996). So gibt es Familien, in denen mehrere Kinder und auch ein Elternteil Autismus haben können. In anderen Familien wiederum ist es nur ein Erwachsener oder ein Kind, alle anderen sind nicht betroffen.

Eine weitere Komponente sind hirnorganische Besonderheiten. Die Informationsverarbeitung läuft bei Menschen mit Autismus nachweislich anders ab. Autismus ist eine Reiz- und Informationsverarbeitungsstörung. Die Gehirne von Menschen mit Autismus »funktionieren« oft anders. Informationen werden in anderer Weise verarbeitet bzw. gelangen in Zentren, in denen eigentlich andere Informationen verarbeitet werden sollten und können folglich auch nur unzureichend ausgewertet werden.

Neuropsychologische Untersuchungen

In der Neuropsychologie sind im Zusammenhang mit dem Thema Autismus vor allem drei Konzepte und Modelle wichtig: Die »Theory of Mind (ToM)«, das Konzept der »schwachen zentralen Kohärenz« und das Modell der »Exekutiven Funktionen (EF)«.

Theory of Mind

Unter dem Begriff »*Theory of Mind*« versteht man die Fähigkeit, sich gedanklich und emotional in andere Menschen hineinversetzen zu können. Dziobek und Bölte beschreiben dieses Modell als »das bislang einflussreichste neuropsychologische Modell zur Erklärung autistischer Symptomatik« (Dziobek & Bölte 2015, S. 132). Schwierigkeiten empathisch zu denken und zu handeln sind also laut dieser Theorie die Ursache dafür, dass Menschen mit Autismus häufig selbstbezogen handeln und durch andere als wenig rücksichtsvoll erlebt werden.

Schwache zentrale Kohärenz

Menschen mit Autismus weisen eine Tendenz auf, »Reize in der Umwelt eher einzelheitlich, isoliert und detailliert als gestalthaft, geschlossen und ganzheitlich wahrzunehmen« (Dziobek & Bölte, 2015, S. 143). Auch wenn nachgewiesen werden konnte, dass es bei Menschen mit Autismus kein generelles globales Wahrnehmungsdefizit gibt, kann dieses Konzept doch zeigen, dass von einer »natürliche Präferenz für Details« und einer »lokalorientierte Informationsverarbeitung bei ASS« gesprochen werden kann (Dziobek & Bölte, 2015, S. 144). Das Konzept der *schwachen zentralen Kohärenz* kann also zeigen, wie die Wahrnehmungsverarbeitung bei Menschen mit Autismus in Bezug auf die Reize aus der Umgebung verläuft und warum es für viele schwierig sein kann, ihre detailreiche Wahrnehmung so zu organisieren, dass der Gesamteindruck einer bestimmten Situation durch die vielen Einzelinformationen nicht verloren geht.« (▶ Kap. 2.1).

Exekutive Funktionen

Das Konzept der »*exekutiven Funktionen*« (EF) untersucht die Fähigkeit, sich im Alltag auch an unvorhergesehene Ereignisse anzupassen und diese zu meistern. Die EF stellen »ein multidimensionales, uneinheitlich definiertes Konstrukt dar und schließen viele unterschiedliche Funktionen wie kognitive Flexibilität, Reaktions- und Antworthemmung, Arbeitsgedächtnis, Problemlösen und Planen, zeitliche Organisation und Interferenzanfälligkeit ein« (Dziobek & Bölte, 2015, S. 141).

Bei Menschen mit Autismus zeigt sich ein uneinheitliches Bild: Teilweise finden sich durchaus Stärken in den EF, allerdings sind einige Funktionen oftmals auch beeinträchtigt. »Insgesamt legen die Befunde bei ASS ein Profil exekutiver Dysfunktionen mit relativen Stärken der Reaktionshemmung und beim Arbeitsgedächtnis und relativer Schwächen bei kognitiver Flexibilität, beim Planen und der Denkflüssigkeit nahe« (Dziobek & Bölte, 2015, S. 142). Dieses Konzept kann folglich Erklärungen liefern, warum Menschen mit Autismus häufig z. B. mit der selbstständigen Planung bestimmter Aktivitäten und dem vorausschauenden Problemlösen Schwierigkeiten haben (▶ Kap. 2.1).

Ist Autismus heilbar?

Wenn Autismus als eine tiefgreifende Entwicklungsstörung und somit als Behinderung definiert wird, schließt dies eine Heilung aus. Versteht man unter Heilung »Symptomfreiheit« bzw. die Reduktion von Beeinträchtigungen bei Menschen mit Autismus, die unter den Auswirkungen ihrer Entwicklungsstörung leiden, fände sich hier möglicherweise eine sinnvolle »Umdeutung« des Begriffes »Heilung«. In diesem Sinne sind auch einige Fördermethoden zu verstehen, die später vorgestellt werden (▶ Kap. 4.1).

Viele erwachsene Menschen mit Autismus berichten, dass ihnen ein Leben im Alter besser gelänge, da sie mehr Möglichkeiten im Umgang mit spezifischen Herausforderungen gefunden hätten. Durch bestimmte Therapie- und Fördermethoden können Menschen mit Autismus ja eben auch mehr oder weniger unauffällig werden in Bezug auf die Auswirkungen ihrer besonderen Wahrnehmung (▶ Kap. 2.1). Grundsätzlich geht es also darum, *mit* dem Autismus zu denken und zu handeln und nicht gegen den Autismus.

Selbsthilfe, positive Sicht auf Autismus und »Umkehrung des Betrachter-Blickes«

Viele der weniger eingeschränkten Menschen mit Autismus organisieren sich seit vielen Jahren in verschiedenen Selbsthilfegruppen und steuern ihren Teil zu den Diskussionen bei (▶ Abb. 1.1). Für viele von ihnen ist es ein zentrales Anliegen, Autismus nicht mehr nur als Störung anzusehen, sondern als eine andere und durchaus besondere Art der Wahrnehmung und des Seins zu begreifen. Sie kehren die Perspektive um und sprechen von Menschen *ohne* Autismus als sog. »Neurotypische« (NT).

2 Was bewirkt Autismus?

2.1 Was bewirkt Autismus bei den Betroffenen?

> »Was ist das Schlimmste, was Sie sich vorstellen können?«
> »Überraschungen« (Frau mit Autismus)

Die diagnostischen Kriterien legen fest, wann eine Autismus-Störung vorliegt. Wie der DSM-5 von einem Autismus-Spektrum zu sprechen, macht allerdings schon deutlich, dass sich auf diesem Spektrum sehr diverse Menschen finden lassen, die ganz unterschiedliche »Besonderheiten« mit sich bringen.

Aufgrund ihrer hohen Intelligenz und der im Laufe des Lebens wachsenden Fähigkeiten in verschiedenen Bereichen, sind Menschen mit dem »Asperger-Syndrom«, vor allem im Bereich der sprachlichen Entwicklung, durchaus lern- und anpassungsfähig (Vogeley, 2016). Sie wissen um ihre Besonderheiten und sind oftmals zu bewundernswerten Leistungen in der Lage. Menschen mit »Frühkindlichem Autismus« verfügen hingegen in der Regel nicht über entsprechende Fähigkeiten. Ihre Entwicklung verläuft anders – vor allem in Bezug auf das selbstbestimmte Erlernen von Bewältigungsstrategien für den Umgang mit Herausforderungen.

Wie »schwer« die entsprechenden Menschen beeinträchtigt sind, muss je nach Blickwinkel unterschiedlich beantwortet werden.

Zu berücksichtigen bei der Beurteilung des Schweregrades sind auch die vorherrschenden Vorstellungen darüber, welchen Einfluss die Diagnose auf das weitere Leben hat. Wird dieser als gering eingeschätzt, wird eine Person vermutlich angeben, dass sie »leicht betroffen« ist. Geht die Diagnosestellung mit erheblichen (einschränkenden) Auswirkungen einher – z. B. Schwierigkeiten beim Finden einer Anstellung oder Bedarf an intensiver Unterstützung aus dem Umfeld – könnte dies die Einschätzung »schwer betroffen« zur Folge haben

Allein anhand der Frage nach dem Vorliegen einer »geistiger Behinderung« oder einer »normalen bis überdurchschnittlichen Intelligenz« lässt sich die Einschätzung bezüglich der »Schwere« der Beeinträchtigung durch die Diagnose Autismus also nicht treffen (▶ Abb. 2.1).

2 Was bewirkt Autismus?

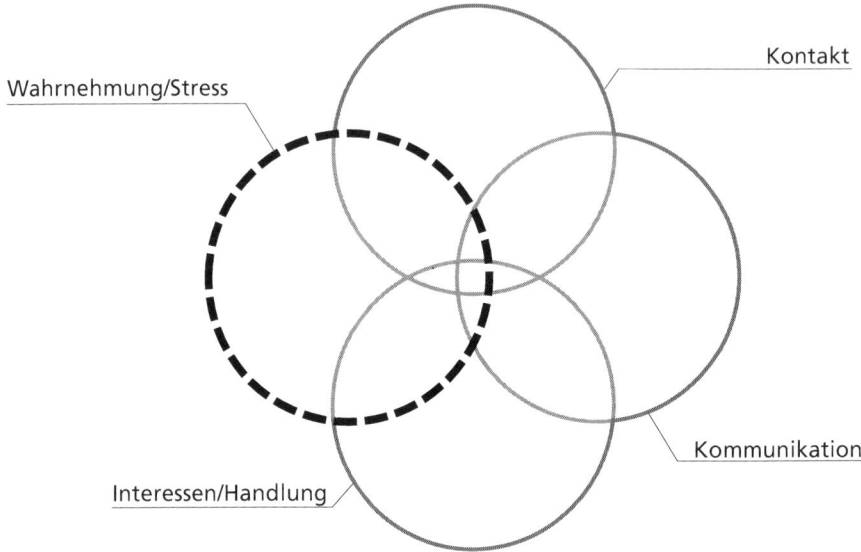

Abb. 2.1: Grundbereiche Autismus plus Wahrnehmung/Stress

Diagnosestellung

Der Impuls zu einer diagnostischen Abklärung kann erfahrungsgemäß unterschiedliche Gründe haben. Eltern von Kindern mit Verdacht auf Autismus entscheiden sich oftmals zu diesem Schritt, weil sie entsprechende Hinweise aus ihrem Umfeld bekommen haben, sie selber Auffälligkeiten im Verhalten des Kindes beobachten oder weil sie einen Antrag auf Unterstützung stellen wollen und die diagnostische Abklärung hierfür Grundlage ist. Meist schwingt die Hoffnung auf Antworten mit – Antworten auf Fragen zu den spezifischen Herausforderungen in ihrem Alltag.

Auch bei erwachsenen Menschen, die bei sich selbst eine Autismus-Diagnose vermuten, ist die Hoffnung auf Einsicht und Klärung eigener Problemstellungen oftmals ausschlaggebend für die Abklärung. Einige lehnen eine diagnostische Abklärung aber auch bewusst ab, z.B. aus Sorge vor etwaigen Nachteilen, die ihnen daraus entstehen könnten oder aber, weil sie keine Einschränkungen im Alltag erleben bzw. keine Unterstützung wünschen.

Grundsätzlich ist zu bemerken, dass nicht alle Personen, die nach Maßstab der gängigen diagnostischen Kriterien Teil des Spektrums wären, auch tatsächlich eine Diagnose erhalten. Neben dem genannten vorsätzlichen Verzicht einer Abklärung, kommt es gerade bei Kindern und Jugendlichen immer wieder vor, dass die Diagnostik ohne entsprechende Expertise erfolgt oder uneindeutig bleibt.

Je nach Verfügbarkeit entsprechender Einrichtungen bzw. Kapazitäten dieser kann der Prozess der diagnostischen Abklärung schnell gehen (direkte Terminvergabe bei der ersten Kontaktaufnahme) oder aber mit längeren Wartezeiten bzw. Kontakt mit verschiedenen Stellen verbunden sein.

Besonderheiten im Bereich Autismus

Bereich »Kontakt«

- Gestaltung von Blickkontakt
- Erkennen und Einsatz nonverbaler Verhaltensweisen
- Beziehungsaufnahme zu Gleichaltrigen
- Spontanes Teilen von Freude, Interessen oder Tätigkeiten mit anderen

Das soziale Miteinander kann Menschen mit Autismus überfordern. Die »ungeschriebenen Regeln« des zwischenmenschlichen Kontaktes sind für sie nicht klar und werden entsprechend auch nicht beachtet. Soziale Konzepte wie beispielsweise »Höflichkeit« sind nicht ohne Weiteres bekannt. Ihnen fehlt die Fähigkeit, in diesen Bereichen »intuitiv« richtig zu handeln.

Es wäre jedoch falsch, auf Grundlage dessen anzunehmen, dass Menschen mit Autismus keinerlei Kontakt wünschen oder Kontakt grundsätzlich nicht ertragen können. Vielen von ihnen fehlen vielmehr die passenden Konzepte, wie man in Kontakt treten kann oder wie z. B. Freundschaften »funktionieren«.

Besondere Schwerpunkt im Bereich »Kontakt«: Verstehen sozialer Regeln

Das intuitive Nachvollziehen bestimmter Regeln, die wichtig sind für das soziale Miteinander, ist für Menschen mit Autismus oft nicht möglich. Sie müssen diese Regeln unter Umständen mehrmals erklärt bekommen, bis sie sie kennen und entsprechend auch ihr Verhalten darauf abstimmen können.

Bereich »Kommunikation«

- Verzögerte und ausbleibende Sprachentwicklung
- Sprachlicher Kontakt zum gegenseitigen Kommunikationsaustausch mit anderen Personen
- Stereotyper und repetitiver Gebrauch der Sprache
- Fehlen von entwicklungsgemäßen Rollen- und Imitationsspielen

Einige Menschen mit Autismus entwickeln keine verbale Sprache. Einige von ihnen können jedoch mit Unterstützung erlernen, Kommunikationshilfen einzusetzen, um so auf eigene Bedürfnisse aufmerksam zu machen. Andere wiederum entwickeln eine stilistisch sehr anspruchsvolle verbale Sprache und können sich sehr genau ausdrücken. Gerade bei Menschen mit Asperger-Syndrom fällt allerdings auf, dass bestimmte Besonderheiten in der Sprache fehlen, was sich durch die Autismus-Störung erklären lässt (Bölte, 2015).

Bei diesen Menschen können Probleme in der Kommunikation auftreten, wenn es z. B. um das Thema »Small-Talk« geht: Bei einem Gespräch mit Mitschülern auf dem Schulhof berichtet ein Mensch mit Autismus beispielsweise sehr ausführlich und detailreich von Themen, die ihn selbst interessieren. Ist jedoch erforderlich, dass er sich auf die Themen der anderen einlässt, fällt ihm das voraussichtlich schwer.

Besonderer Schwerpunkt im Bereich »Kommunikation«:
Motivation in Bezug auf Kommunikation

Die Motivation, sich verbal zu äußern, ist bei Menschen mit Autismus unterschiedlich stark ausgeprägt. Geht es um für sie interessante Themen, sind sie mitunter überdurchschnittlich motiviert. Für sie uninteressante Themen werden häufig aktiv abgelehnt.

Schwer beeinträchtige Menschen mit Autismus müssen darüber hinaus zunächst den »Sinn« bzw. die Vorteile von Kommunikation konkret erleben, damit sie eine Motivation entwickeln, sich mitzuteilen (▶ Kap. 4.1, Kommunikationsförderung durch »PECS«).

Bereich »Handlung/Interessen«

- Interessen können in Inhalt und Intensität ungewöhnlich sein
- Festhalten an Gewohntem oder Ritualen
- Stereotype und repetitive Manierismen zeigen sich z. B. in schnellen Bewegungen von Fingern oder Händen oder im Schaukeln des Körpers
- Ständige Beschäftigung mit Teilen und Objekten

Ihr Verhalten flexibel an die jeweilige Situation anzupassen, gelingt Menschen mit Autismus in der Regel nicht. Konkret kann dies bei spontanen Planänderungen zum Problem werden. Der Wunsch nach Kontinuität und Vorhersehbarkeit, den viele Menschen im Autismus-Spektrum verstärkt äußern, kann hier nicht erfüllt werden. Mögliche Resultate aus dieser Situation sind extreme Anspannung und Aufregung.

Besondere Schwerpunkte im Bereich »Handlung/Interessen«:

Handlungsplanung
Mit einer autistischen Wahrnehmung ist die Selbstorganisation eine große Herausforderung. Meist sind hierfür notwendige Fähigkeiten, wie selbst einschätzen zu können, mit welchen Anforderungen eine bestimmte Handlung

einhergeht, nicht vorhanden. Auch die Frage danach, in welcher Reihenfolge oder an welchem Ort bestimmte Handlungen ausgeführt werden sollen, ist häufig unklar (▶ Kap. 4.1, Förderung der Selbstorganisation durch »TEACCH«)

Impulskontrolle
Für viele Menschen mit Autismus ist es nur sehr bedingt möglich, ihre Impulse zu regulieren und es kann oftmals zu stark enthemmten Verhaltensweisen kommen.

Ursache-Wirkungszusammenhänge erkennen
Menschen im Autismus-Spektrum sind oft nicht in der Lage, die Auswirkungen ihrer eigenen Handlungen auf andere richtig einzuschätzen. Hierdurch führt ihr Handeln fast automatisch zu weiteren Auffälligkeiten und Störungen.

Schwierigkeiten im Bereich Verhaltens- und Problemlösestrategien
Selbst wenn sich Probleme häufen und der Druck bezüglich dieser Probleme steigt, sind Menschen mit Autismus meist nicht in der Lage, eigenständig Lösungen für diese Situationen zu finden. Sie können ihre Verhaltensmuster nicht ohne Weiteres ändern, was im Hinblick auf eine Veränderung dieser Probleme allerdings oftmals erforderlich wäre.

Bereich »Wahrnehmung/Stress«

- Probleme in der Selbstregulation bewirkt erhöhte körperliche Anspannung
- Schwierigkeiten bei Lösungsfindung
- Ständiges Grübeln
- Probleme bei Wahrnehmung sensorischer Reize

Die diversen Anforderungen des Alltags zu bewältigen, ist für Menschen mit Autismus nicht immer einfach. Aufgrund ihrer Wahrnehmungsbesonderheiten stellen vermeintlich »normale« Situationen sie vor ungewöhnliche Herausforderungen. So können oftmals eigentlich irrelevante Reize, wie beispielsweise das tickende Geräusch einer Uhr in einem Therapieraum oder die Geräusche der Toilettenspülung aus der Nachbarwohnung, eben nicht als »wenig bedeutsam« oder vielleicht sogar »hinderlich« herausgefiltert werden. Dieses »Nicht-relativieren-Können« bei äußeren Einflüssen erschwert den Alltag der Betroffenen oft stark. Reize, die für andere Menschen kaum wahrnehmbar sind, können Menschen mit Autismus extrem beschäftigen und weitere, teilweise erhebliche Beeinträchtigungen oder Probleme nach sich ziehen.

Eigene Beschreibungen von Menschen mit Autismus helfen zunehmend dabei, die Bedeutsamkeit von Themen wie »Ursachen von Stress« und »Umgang mit Stress« im Bereich Autismus zu erkennen und angemessen darauf zu reagieren. Christine Preißmann schreibt hierzu: »Menschen mit Autismus fühlen sich in allen Lebensbereichen ganz erheblichem Stress ausgesetzt. Lange Zeit wurde das nicht als Problem erkannt, und erst allmählich beginnt man, sich im Zusammenhang mit Autismus auch mit den Themen Stress und Entspannung zu beschäftigen« (Preißmann, 2015, S. 105).

Auch Vogeley betont die Wichtigkeit dieses Punktes. In einer Bedarfserhebung bezüglich der Ziele einer autismusspezifischen Hilfe wurde von den Betroffenen oft das Thema »Umgang mit Stress« benannt. »Interessanterweise gaben die Befragten als das am häufigsten genannte Ziel an, dass sie sich Hilfen im Umgang mit Stress wünschen (67 %)« (Vogeley, 2016, S. 181).

Hilfe im Bereich »Stress« bieten Strategien, die durch Reizreduktion oder Hemmung der Reizintensität zu Entlastung führen bzw. eindeutige sensorische Rückmeldungen ermöglichen. Die bekannte amerikanische Autorin und Viehzucht-Expertin Temple Grandin, bei der das Asperger-Syndrom diagnostiziert wurde, baute sich beispielsweise zu einem solchen Zweck eine Art »Ganzkörper-Presse« aus gepolsterten körperlangen Platten. Mit Hilfe dieser Apparatur verschafft sie sich durch pneumatisch erzeugten Druck auf ihren Körper Momente der Entspannung.

Leicht umsetzbare und oft nützliche Hilfestellungen für Menschen im Autismus-Spektrum zur Unterstützung körperlicher Entspannung:

- Massagen (Finger, Hände, Ganzkörper)
- elektrische Massagestäbe, die selber bedient werden
- Schlafen in einem Schlafsack
- Ruhemomente (oder auch Schlafen) in einer Hängematte
- schwere Decken zum Schlafen
- aufblasbare oder mit Sand gefüllte Westen
- mit Quarzsand gefüllte Manschetten am Handgelenk für eindeutige körperliche Impulse
- Schulmaterialien wie Stifte mit Sandpapier umhüllen, ebenfalls um eine klarere sensorische Rückmeldung zu erhalten

In den letzten Jahren wurden zum Thema Entspannung erfreulicherweise einige konkrete Hilfsangebote für Menschen mit Autismus entwickelt. Annelies Spek (Hogrefe, 2012) beschreibt z. B. in ihrem Buch »Achtsamkeit für Menschen mit Autismus« ein Training, das speziell für diese Gruppe von Menschen entwickelt wurde.

2.2 Was bewirkt Autismus bei Familien?

Die Tante einer erwachsenen Frau mit Autismus bringt ihrer Nichte, die nur ein paar Häuser weiter lebt, spontan etwas von der übriggebliebenen Weihnachtsgans, um ihr eine Freude zu bereiten. Die Nichte weist ihre Tante gleich an der Wohnungstür ab und beschimpft diese. Sie wirft ihr vor, dass dies eine sehr schlechte Idee sei und sie die Gans nicht haben wolle. Die Tante ist über diese Situation sehr betrübt und fühlt sich verletzt.

Ähnlich wie bei den betroffenen Menschen mit Autismus selbst, sind auch die Auswirkungen von Autismus auf das Familienleben vielfältig.

Es lohnt sich in diesem Zusammenhang den Begriff der »Resilienz« genauer zu betrachten. Der Begriff Resilienz bezieht sich ursprünglich eigentlich »explizit *nicht* auf Therapeuten oder therapeutisches Vorgehen, sondern auf Menschen in ihrem natürlichen Umfeld, die aus widrigen Lebensumständen etwas Gutes machen – in den meisten Fällen übrigens ohne Therapie« (Welter-Enderlin & Hildenbrand, 2006, S. 10). Grundsätzlich geht es um die Frage, wie Entwicklung und Wachstum trotz erschwerter Bedingungen oder widriger Umstände möglich ist bzw. wie oder was man daraus eventuell sogar lernen kann (Welter-Enderlin & Hildebrand, 2006).

Retzlaff beschreibt »Resilienz« folgendermaßen: »Aus systemischer Perspektive kann Resilienz als das Potenzial von Familien als Organisationseinheit verstanden werden, Belastungen abzupuffern, sowie als Ergebnis gelungener Adaptionsprozesse an eine widrige Lebenssituation« (2016, S. 111).

Zum Thema *Familienresilienz* schreibt er:

> »Das *Familien-Resilienzmodell* greift Konzepte und Ergebnisse der individuellen Resilienzforschung, der Familien-Stresstheorie und des Familien-Kompetenzen-Modells auf (Beavers & Hampson 1993, Patterson 2002 a, Walsh 1998). [...] Zu den Schlüsselprozessen der Resilienz zählen Familienprozesse, die familiäre Kommunikation, die Aufgaben- und Rollenverteilung, der Umgang mit Grenzen und Konflikten und die Aktivierung von sozialer Unterstützung.« (Retzlaff, 2016, 93; Hervorh. i. O.)

Es gibt also eine Vielzahl unterschiedlicher Faktoren, die eine Rolle dabei spielen können, wie Belastungen in Familien mit Kindern mit Behinderungen erlebt und »durchlebt« werden. Mögliche spezifische Belastungen sollen im Folgenden beschrieben werden.

Diagnose

Für einige Eltern kann die Diagnose »Autismus« durchaus eine Erleichterung darstellen, nämlich dann, wenn sie hierdurch endlich eine Erklärung dafür erhalten, warum beispielsweise ein wechselseitiger Kontakt mit ihrem Kind so schwer herstellbar ist. Auch eine Erklärung für das »Scheitern« ihrer erzieherischen Impulse kann helfen, sich keine Vorwürfe mehr zu machen.

Andere Eltern erleben die Diagnose als schweren Schlag. Sie machen sich viele Gedanken über die negativen Auswirkungen dieser Diagnose auf das Leben ihrer Kinder und ihr eigenes.

Die Diagnose wird bei den Betroffenen – gemessen an ihrem Alter – unterschiedlich früh oder spät gestellt. Es kann also sein, dass eine Familie die Diagnose erhält, wenn ihr Kind zwei Jahre alt ist, oder aber, wenn das »Kind« bereits über fünfzig Jahre alt ist. Entsprechend unterschiedlich sind folglich die jeweiligen Lebenssituationen der Familien, in denen sie das Thema »Autismus« erreicht.

Zur Frage, inwieweit Familien vorbereitet sein können auf die Diagnose »Behinderung« bei ihrem Kind schreibt Retzlaff: »Eltern erreichen das ›Land von Behinderung und Krankheit‹ ohne eine psychosoziale Landkarte dieser unvertrauten Region zur Verfügung zu haben.« (2016, 182).

Ist Autismus nicht schon in der Familie bekannt, weil beispielsweise ein Angehöriger autistisch ist, trifft Familien die Diagnose oft komplett unvorbereitet. Brita Schirmer beschreibt dies mit dem Begriff der »Traditionslosen Eltern«, den sie von Hackenberg übernommen hat (2015, 29). Eltern von Kindern mit Autismus haben noch nirgends »lernen« können, wie sie ihre Kinder gut erziehen können. Entsprechende Vorbilder in der eigenen Erziehung oder der Austausch mit Freundinnen bei besonderen Fragen stehen in diesen Fällen meist nicht zur Verfügung.

Die besondere Situation von Familien mit einem autistischen Kind

Familien mit einem autistischen Kinde erleben sehr spezifische Schwierigkeiten, die mit der Entwicklung ihres Kindes zusammenhängen (▶ Kap. 3.1). Diese Besonderheiten wirken sich auf das gesamte Familiensystem aus.

An vielen Stellen sind diese Eltern besonders stark gefordert und benötigen spezielle Fähigkeiten, um mit den Herausforderungen umgehen zu können. In gewöhnlichen Situationen müssen sie u. U. »mehr« leisten, z. B. weil sie ihren Kindern immer wieder durch die gleichen Hinweise daran erinnern müssen, sich fertig anzuziehen, die Zähne zu putzen etc. ohne, dass hier nach einigen Malen eine Lernkurve erkennbar wäre. Entsprechend häufig taucht das Thema »Selbstständigkeitsentwicklung« in der Beratung dieser Familien auf.

Wertschätzung für ihre Anstrengungen erleben Eltern autistischer Kinder insgesamt eher wenig. Sie befinden sich in einer Art »asymmetrischem System«, in dem »Geben« und »Bekommen« nicht in Balance sind. Menschen sind als soziale Wesen auf »Ausgleich« ausgerichtet – auch in ihren Kontakten untereinander. Im Kontakt mit autistischen Menschen kann die Entwicklung dieses »Ausgleichs« erschwert sein, sodass der Kontakt mit ihnen auch eine anstrengende und auslaugende Erfahrung bedeuten kann.

Als fordernd in diesem Zusammenhang wird von Familien mit autistischen Kindern auch erlebt, dass bestimmte Prozesse im Rahmen der Entwicklung ihrer Kinder anders verlaufen als erwartet. Schirmer nennt als Beispiel dafür, dass diese Kinder nicht wie andere »ihren Freundeskreis sukzessive so weit aufbaun, dass ihnen ein Netzwerk außerhalb des Familienzusammenhaltes zur Verfügung steht.« (2015, 49). Für die betroffenen Familien hat dies teilweise auch sehr direkte Auswirkungen auf den Alltag – beispielsweise, dass Zeiten fehlen, in denen die Kinder sich mit ihren Freunden beschäftigen und den Eltern auf diese Weise eine »Pause« verschaffen.

Manche Eltern autistischer Kinder leiden ferner unter dem Umgang mit dem Thema Autismus. Wiederholte Erklärungen, warum sich ihre Kinder anders verhalten und auch, warum sie anders mit ihnen umgehen, werden als mühsam oder anstrengend empfunden.

Vor dem Hintergrund der beschriebenen Aspekte ist es nicht verwunderlich, dass erlebter Stress im Umgang mit den eigenen Kindern ein häufig angesprochener Grund für Belastungen in der Beratung von Eltern autistischer Kinder ist – ein wiederkehrendes Thema, sowohl bei den Angehörigen und Bezugspersonen als auch bei den Betroffenen selbst.

Positive Erfahrungen mit Autismus in der Familie

Der Idee der »Resilienz« folgend, gibt es natürlich auch Eltern, die mit den Herausforderungen gut umgehen können und womöglich gestärkt hervorgehen aus den schwierigen Erfahrungen im Alltag. Diese Eltern sind in der Lage, eine positive Beziehung zu ihren Kindern aufzubauen. Sie beschreiben Erfahrungen, die sie ohne den Autismus nie gemacht hätten und für die sie sehr dankbar sind.

Humorvolle Momente im Familienalltag, die ohne Autismus so nicht erlebt worden wären, zu erkennen und wertzuschätzen, kann ebenfalls stärkend wirken. Es kann beispielsweise befreiend wirken, wenn die eigenen Kinder gesellschaftliche Konventionen ignorieren und nur ihren Bedürfnissen nachgehen. Sie machen Dinge, die sich andere nie trauen würden und besitzen oftmals die Fähigkeit, sehr nüchtern und schnell Fakten schaffen, wo andere lange abwägen würden und unter Umständen nie zu einer Entscheidung kämen.

> Ein Junge mit Autismus hat die Angewohnheit, beim Einsteigen in Straßenbahnen laut »Platz da!« zu rufen und sich so möglichst ungestört durch herumstehende Fahrgäste in den hinteren Straßenbahnteil zu begeben. Wenn dort ein Platz besetzt ist, auf dem er gerne sitzen würde, fordert er diese Mitfahrenden gestikulierend auf, den Platz zu verlassen, damit er sich dorthin setzen kann. Die anderen Fahrgäste sind zumeist so überrascht durch dieses Verhalten, dass sich der Junge in der Regel ohne Probleme durch den Bus bewegen und auf seinem bevorzugten Sitz Platz nehmen kann.

Fragen zum Thema »richtige« Erziehung

Das Thema »richtige« Erziehung kann durch die beschriebenen Erfahrungen und damit einhergehenden Selbstzweifel innerhalb von Familien mit Kindern mit Autismus zu intensiven Diskussionen führen. In der Beratung begegnet man

Haltungen wie »Man kann nicht alles abnehmen, diese Kinder müssen erleben, was es heißt, ein Problem zu haben und daraus Konsequenzen ziehen können«. Wohingegen andere Eltern dazu tendieren, den Kindern alles abzunehmen, das ganze Familienleben auf das autistische Kind abzustimmen und dessen Regeln auf das gesamte System zu übertragen. Beide Strategien erweisen sich im Alltag einerseits zielführend und andererseits problematisch.

Bei autistischen Kindern scheitern viele herkömmliche pädagogische Konzepte. Um sich konstruktiv und lösungsorientiert mit ihren Kindern zu erleben, benötigen Eltern spezielles Wissen und besondere Fähigkeiten.

Wissen um das Thema Autismus

Das Wissen über das Thema Autismus ist bei den betreffenden Eltern zum Zeitpunkt der Diagnose meist eher gering, wie die Erfahrung aus der Beratung zeigt. Gerade das Internet hält eine große Fülle an unterschiedlichen Informationen bereit, was oft zur Folge hat, dass die eigenständige Recherche zu mehr Verwirrung als Klarheit führen kann. Zudem erhalten die Eltern durch diese Informationen oftmals noch keine konkreten Ideen oder Hilfestellungen, die eine entlastende und nachhaltige Wirkung auf den Alltag zuhause haben kann.

Hilfen für Familien mit autistischen Kindern

Hilfen durch Praxen und Kliniken über die Diagnosestellung hinaus werden erfahrungsgemäß nur sehr begrenzt angeboten. Einige dieser speziellen Einrichtungen bieten den Familien regelmäßige Termine an, bei denen über die aktuelle Situation und weitere mögliche weitere begleitende Maßnahmen wie beispielsweise Logo- und/oder Ergotherapie gesprochen werden kann.

Entsprechend der Tradition der ersten Hilfen für diese Familien in Deutschland aus den 1970er Jahren, organisieren sich Eltern autistischer Kinder häufig auch selbst und schaffen auf diese Weise entsprechende Angebote. Manchmal entsteht diese Initiative dabei aus der Not heraus, nicht oder nur unzureichend strukturell und spezifisch unterstützt zu werden. Die mögliche Wirkung auf das eigene Leben vieler Eltern ist nicht zu unterschätzen. Das Weitergeben von Wissen hinsichtlich der Bearbeitung von formellen Anträgen bzw. der Austausch über die verschiedenen Möglichkeiten der weiteren Unterstützung für die eigene Familie kann sehr hilfreich sein.

Zeitnahe und umfassende Hilfe in Form von autismusspezifischen Fördermaßnahmen, die beispielsweise auch Elternseminare und Angebote für weitere Familienangehörige beinhalten, sind in der Praxis meist schwierig zu erreichen. Sie erfolgen meist erst nach vollständiger Klärung der Kostenübernahme und teilweise monate- bis jahrelanger Wartezeit. Eine Anlaufstelle für derartige Unterstützungen finden diese Eltern bei unterschiedlichen Trägern.

Situation von Familien mit Kindern mit Behinderung

Mit vielen der Herausforderungen, denen sich Familien von Kindern mit Autismus stellen müssen, sind auch Familien mit Kindern, die durch andere psychische bzw. körperliche Beeinträchtigungen oder Behinderungen einen »von der Norm abweichenden« Lebensweg beschreiten, konfrontiert. Im Folgenden soll daher der Blick über den reinen »Autismus-Tellerrand« geworfen und stattdessen das generelle »Leben mit einem Kind mit Behinderung« in den Fokus gerückt werden.

Dabei ist die Verwendung des Begriffs »Behinderung« nicht unproblematisch. »Behinderung« ist meist mit einem gewissen »Stigma« verbunden und suggeriert »Unveränderbarkeit« (Retzlaff, 2016, 10). Dass Menschen durch Diagnosen mitunter »behindert gemacht« werden, wird auch im Bereich Autismus bereits seit längerer Zeit problematisiert. Menschen mit Autismus weisen immer wieder selbst auf die potenziell stigmatisierenden Auswirkungen einer Diagnosestellung hin. Gee Vero beispielsweise, bei der erst mit 37 Jahren Autismus diagnostiziert wurde, äußerte sich in ihren Vorträgen kritisch dazu, automatisch als »gestört« betrachtet zu werden, wenn man die Diagnose »Autismus-Spektrum-Störung« erhalte. Autismus bedeutet für einige dieser Menschen, besondere, vielleicht sogar herausragende Fähigkeiten und Eigenschaften zu haben, die »Neurotypische«[2] nie erwerben werden.

Vor dem Hintergrund der zahlreichen Besonderheiten, die aber eben auch mit Einschränkungen und Belastungen einhergehen können, ist eine »störungsspezifische« Perspektive allerdings oftmals sinnvoll bzw. notwendig.

Dabei soll es bei den folgenden Beschreibungen auf keinen Fall darum gehen, Familien mit Kindern mit Behinderung zu »stigmatisieren«. Ziel ist vielmehr, das Besondere an ihrer Situation in den Fokus zu rücken, die Aspekte mit all ihren Chancen und Risiken wahrzunehmen und so für die Beratung nutzbar zu machen.

Retzlaff (2016) beschreibt, wie sich Belastungen, die mit Behinderungen einhergehen, auf die Struktur von Familien auswirken können. Die Sorge um das beeinträchtigte Kind und dessen hat auch Auswirkungen auf alle anderen Familienmitglieder. Diese Notwendigkeit eines Mehr an Aufmerksamkeit findet sich auch, wie schon beschrieben, im Bereich Autismus.

> »Im Umgang mit der Krankheit wandeln sich Rollenverteilung und Routinen, oft im Sinne einer Akzentuierung vorhandener Rollenmuster. Zwischen den Familienmitgliedern müssen Aufgaben und Verantwortlichkeiten neu verteilt werden. Vertraute Aktivitäten werden leicht aufgegeben. Familien mit behinderten Kindern zeigen eine Tendenz zu einer innerfamiliären Orientierung (Retzlaff, 2016, S. 53).«

Solche Dynamiken können auch bei Familien mit Kindern mit Autismus vorkommen. Gerade weil Autismus mit Beeinträchtigungen einhergeht, die die Orientierung nach außen sowohl für die Betroffenen als auch für deren Familien stark erschweren können. Wie in der Literatur (z. B. Vogeley, 2016) beschrieben,

---

2 Begriff, den Menschen mit Autismus nutzen, um Menschen *ohne* Autismus zu beschreiben.

bestätigt sich in der Beratungspraxis, dass gerade Mütter autistischer Kinder von entsprechenden Herausforderungen berichten. Sie geben häufig an, Abstriche bei der eigenen Berufsplanung machen zu müssen oder bemängeln eine »Unterversorgung« im Hinblick auf ihre sozialen Kontakte. In vielen Beratungssituationen steht zudem die Frage im Vordergrund, wie mit den unvermeidlichen Auffälligkeiten ihrer Kinder im Alltag umgegangen werden soll. Vielen Eltern ist es sehr wichtig, dass ihre Kinder nicht zu sehr »aus der Reihe fallen« und sie verwenden viel Energie darauf, etwaige Auffälligkeiten zu kompensieren oder diese beim Kind zu begrenzen.

Dazu, wie Familien mit Kindern mit Behinderung in Konfliktsituationen reagieren, schreibt Retzlaff:

> »In Familien mit chronisch kranken und behinderten Angehörigen besteht eine Neigung zur Harmonisierung. Dies führt tendenziell zu Problemen mit konflikthaften Entwicklungsschritten, etwa bei der Ablösung und bei Autonomiebestrebungen (McDaniel et al. 2004). Wegen der hohen Dauerbelastung wirken Konflikte besonders bedrohlich, die Familie muss von Tag zu Tag auf einem hohen Level funktionieren und kann sich Unstimmigkeiten kaum erlauben (Perry et al. 1992).« (2016, S. 54).

Retzlaff beschreibt weiter, dass bei Familien mit Kindern mit Behinderung unter anderem die verfügbaren Ressourcen und die familiären Deutungsmuster entscheidend sind für eine gelingende Anpassung (ebd., 96). Der Autor hebt hervor, welche Faktoren die »Resilienz« von Familien mit behinderten Kindern schwächen oder stärken.

Resilienz von Familien mit behinderten Kindern (Patterson, 1991, zit. in Retzlaff, 2016, 96)

- Balance zwischen den Bedürfnissen der übrigen Familie und den Erfordernissen der Behinderung
- Bewahren von klaren Grenzen der Familie nach innen und außen
- Entwicklung von kommunikativer Kompetenz
- Der Situation eine positive Bedeutung beimessen
- Die Flexibilität der Familien erhalten
- Verbundenheit mit der Familie als Ganzem wahren
- Aktive Bewältigungsschritte
- Soziale Integration und aktive Pflege des sozialen Netzes
- Kooperative Beziehungen mit Helfern aufbauen

Eltern mit Kindern mit Autismus benötigen umfassende und für ihre jeweilige individuelle Situation passende Unterstützung. Um den Blick in der Beratungsarbeit sowohl mit Eltern als auch mit Fachkräften auf die zur Verfügung stehenden Ressourcen zu richten, hat sich in vielen Fällen z. B. der Einsatz der »Ressourcenkarten« (Jean-Luc Guyer, 2015) bewährt. Ratsuchende können mit Hilfe der über einhundert Karten, auf denen je eine Ressource beschrieben wird, aktiv in die Beratung einbezogen werden. Die Ressourcen sind bewusst breit gefächert und beziehen auch eher negativ konnotierte Qualitäten wie »Wut« und »traurig sein« mit ein, da davon ausgegangen wird, dass auch diese Qualitäten in einem Beratungsprozess hilfreich sein können.

Der Blick auf die Ressourcen ist in der Beratung von Eltern wichtig und oft auch neu, da durch die Beschäftigung mit dem Thema »Autismus« und »Behinderung« ansonsten eher schwierige Themen im Vordergrund stehen können und sich diese Eltern vor allem als »überfordert« erleben. Solche Väter und Mütter gehen dann womöglich auch nicht davon aus, selber etwas Produktives beitragen zu können. Durch den Einsatz ressourcenorientierter Methoden, wie die »Ressourcenkarten«, kann ein erster ressourcenorientierter und aktivierender Impuls gesetzt werden.

2.3 Was bewirkt Autismus bei Fachleuten?

Der Therapeut begrüßt eine Frau mit Autismus, die sich zu einer Erstberatung angemeldet hat, an der Eingangstüre der Beratungsstelle. Er sagt: »Ich geh dann mal vor!« und läuft in Richtung Besprechungsraum. Nachdem er den Gang ein paar Meter hinuntergelaufen ist, bemerkt er, dass die Klientin ihm nicht gefolgt ist. Als er sich zu ihr umdreht, sagt diese: »Ach, Sie meinen, ich soll mitkommen!«

Auch die Wirkung von Autismus auf Fachleute ist insgesamt schwer zu erfassen. Berufstätige Menschen erleben ihre Arbeitssituation generell sehr unterschiedlich, wobei diverse persönliche und strukturelle Aspekte einen Einfluss darauf haben, ob die Situation als erfüllend oder belastend eingeschätzt wird. Der Bereich Autismus kann auf jeden Fall als Bereich angesehen werden, in dem besondere Herausforderungen, die im Folgenden beschrieben werden, die Arbeit der Fachleute beeinflussen.

Unterschiede zwischen Fachleuten, Menschen mit Autismus und deren Familien

Die in den vorausgegangenen Kapiteln beschriebenen Aspekte bezüglich der Wirkung von Autismus auf die Betroffenen und deren Familien können auf Fachleute nur sehr eingeschränkt übertragen werden. Personen, die in diesem Bereich tätig sind, haben sich bewusst hierfür entschieden – sie wurden i. d. R. nicht ungewollt von dem Thema »überfallen«. Wenn Fachleute die Arbeit in diesem Bereich als problematisch oder belastend erleben, haben sie immer die Wahl: Sie können sie sich eine andere Tätigkeit suchen und das Thema Autismus auch wieder hinter sich lassen. Daneben ist die Zeit, die sie mit ihren Klienten verbringen, je nach Kontext, normalerweise zeitlich begrenzt. Sie verlassen ihre

Arbeitsstelle und können im Hinblick auf das Thema Autismus so zumindest zwischendurch »abschalten«. Fachleute erleben – unabhängig von der Intensität der Zusammenarbeit – das Thema Autismus anders als die Familien und die Betroffenen, als »Außenstehende«.

Besondere negative und positive Erlebnisse von Fachleuten im Bereich Autismus

Ähnlich wie bei Eltern von Kindern mit Autismus (▶ Kap. 2.2), ist es für Fachleute u. U. ebenfalls schwierig, wenn sie sich in dem bereits beschriebenen »asymmetrischen System« bewegen, in dem auf der Kontaktebene »Geben« und »Bekommen« nicht in Balance sind. Sie können an dieser Stelle vergleichbare Erfahrungen machen wie Familien.

Offensive Konfrontationen sowie Autoaggressionen und Aggressionen auf Seiten der Klienten sind ebenfalls keine Seltenheit. Wenn diese Aggressionen im Rahmen der Förderung sehr stark sind und regelmäßig auftreten, kann dies die Therapeutinnen zusätzlich verunsichern und belasten. Sind Aggressionen direkt gegen sie gerichtet, ist darüber hinaus Angst vor dem Klienten eine mögliche Folge. Immer wieder ist der »Umgang mit und das Erleben von aggressiven Verhaltensweisen« *das* bestimmende Thema in spezifischen Beratungen und es ist wichtig, hier konkrete Hilfestellungen zu erarbeiten.

Für viele Fachleute sind jedoch gerade einige der beschriebenen Besonderheiten bzw. der besonderen Verhaltensweisen von Menschen mit Autismus der Pluspunkt bei ihrer therapeutischen Arbeit. Sie schätzen die Direktheit und Deutlichkeit, die z. T. mit dem »Egoismus« der Klientinnen einhergehen kann. Müssen andere Menschen lange überlegen, wie sie ihrem Gegenüber eine Grenze zeigen und wie sie den Anderen dabei möglichst nicht verletzen, wird man in der Arbeit mit Menschen mit Autismus in der Regel »vor vollendete Tatsachen« gestellt. Dies kann die Zusammenarbeit in vielen Fällen erleichtern, da das »Rätselraten« bezüglich möglicher Beweggründe für bestimmte Verhaltensweisen wegfällt. Auch das starke typische Bedürfnis nach Struktur kann sich in der Beratung oder Therapie positiv auswirken, da feste Routinen und ein roter Faden den Therapieverlauf und auch eine Fortschrittskontrolle begünstigen. In manchen Fällen kann auch die Therapeutin in diesem Bereich noch etwas von Ihrer Klientin lernen.

> Einem Jungen mit frühkindlichem Autismus ohne verbale Sprache werden in der Förderung Buntstifte und Papier angeboten. Das Ziel des Therapeuten ist es, dass ein Bild entsteht, indem der Klient den Stift in die Hand nimmt und etwas auf das Papier malt. Zur Überraschung des Therapeuten gibt der Junge *ihm* einen Buntstift in die Hand, hält ihm die Fingerspitze seines Zeigefingers hin und zieht die Hand des Therapeuten so nach vorn, dass die Spitze des Bundstiftes in seinen Finger drückt. Der Therapeut greift dies auf und drückt die Spitze auch in andere Fingerspitzen. Dieses »Ritual« wird zum festen Bestandteil der Förderung. Der Therapeut verabschiedet sich von der Idee, dass

ein Bild entstehen soll und setzt die Buntstifte zur Stimulation sein – neben dem Drücken in die Fingerspitzen werden sie beispielsweise eine Papiermappe heruntergerollt. Oder das leere Inlay aus Plastik der Buntstiftdose dient als »Ratsche«, über die der Junge und der Therapeut abwechselnd ihre Finger streichen lassen und mit den Fingernägeln Geräusche machen.

Der Therapeut lernt in dieser Zusammenarbeit, sich von seinen vorgefertigten Ideen zu lösen und dort anzusetzen, wo es für den Klienten interessant wird. Dieser hilft dem Therapeuten bei diesem Prozess, indem er sehr deutlich macht, was er mag und nicht tut, was für ihn keinen Sinn ergibt.

Sprachliche Besonderheiten und Humor

Eine besondere Rolle spielt die Verwendung von Ironie oder Humor in der Zusammenarbeit mit Menschen mit Autismus. Nicht alle, aber viele von ihnen haben in diesem Bereich oft Schwierigkeiten und verstehen Witze oder Ironie nicht. Sprache wird stattdessen meistens wortwörtlich genommen, weshalb z. B. auch der Einsatz von Sprichwörtern zu Verwirrung und Missverständnissen führen kann, wenn die metaphorische Bedeutung nicht erkannt wird. In diesem Bereich Tätige müssen generell sensibel sein bezüglich des Einsatzes von Sprache. Eine bewusste Auseinandersetzung mit Sprache im Kontakt mit autistischen Menschen kann das Bewusstsein schärfen für Schwierigkeiten in der Kommunikation mit anderen Menschen insgesamt (z. B. Gefahrenquellen für Missverständnisse). Beispielsweise konnte in mehreren Supervisionsprozessen mit Teams aus dem Autismusbereich erlebt werden, dass eine entsprechende sprachliche Regel wie »Verzicht auf Sarkasmus«, die ursprünglich für den Umgang mit Klienten gedacht war, auch positive Effekte auf die Zusammenarbeit der Mitarbeitenden untereinander hatte. Die Kommunikation wurde direkter und einfacher, weil Deutungen wegfielen und so auch schwierigere Themen, die innerhalb des Teams vorher nur indirekt geäußert worden waren, direkt und klar angesprochen werden konnten.

3 Unterschiedliche Kontexte

Das Thema Autismus ist in vielen Kontexten längst nicht mehr »neu«. Man findet Einrichtungen, die Menschen mit Autismus und geistiger Behinderung betreuen, ebenso wie Betriebe, die Mitarbeiter aus dem autistischen Spektrum eingestellt haben. Einige dieser Kontexte sind spezialisiert auf das Thema Autismus. Für andere ist es ein Thema »unter vielen«.

Der Fokus liegt im Folgenden auf Kontexten, die für Menschen mit Autismus besonders relevant sein können bezüglich ihrer Entwicklung vom Kindes- bis zum Erwachsenenalter.

3.1 Autismus in der Kita

> Ein Mädchen mit Autismus in einer Kita beschäftigt sich, zur Wand orientiert und den anderen Kindern den Rücken zugedreht, während der »Freispielzeit« mit zwei Autos. Sie beobachtet immer wieder, was die anderen Kinder machen, indem sie ihren Kopf dreht. Sie wirkt interessiert daran, was die anderen um sie herum tun. Der Therapeut nimmt sie an der Hand und geht mit ihr durch den Raum. Dabei erklärt er ihr, was man dort alles machen kann: in der Bauecke, mit Puppen oder in der Kochecke spielen. Sie sieht sich an, was in der Kochecke passiert: die Kinder geben vor, sie würden Kartoffeln in einem kleinen Topf kochen und danach essen. Sie schaut den Therapeuten an und fragt: »Warum soll ich so tun, als würde ich Kartoffeln kochen?!«

Kitas sind sehr unterschiedlich organisiert. Das betrifft sowohl räumliche Bedingungen, die Größe und Aufteilung der Gruppen, als auch das Konzept bezüglich der Begleitung und Erziehung der Kinder.

Grundsätzlich beschreiben Erzieherinnen in der Beratung ihre Arbeitssituation mit Kindern mit Autismus unterschiedlich. Einigen von ihnen gelingt die Integration in den Gruppenkontext ohne Probleme, für andere ist dies schwierig.

Typische Themen in der Beratungsarbeit

- Probleme beim Morgenkreis
  - Das Kind mit Autismus nimmt nicht teil oder verliert nach kurzer Zeit das Interesse.
  - Das Kind mit Autismus stört mit seinen Verhaltensweisen den Ablauf des Morgenkreises insgesamt.
- Probleme bei Essenssituationen:
  - Das Kind mit Autismus isst nur sehr ausgewählte Dinge.
  - Das Kind verweigert das Essen in der Kita.
  - Das Kind verliert nach kurzer Zeit das Interesse und verlässt die Essenssituation.
- Probleme bei »Pausenzeiten« oder »Freispiel«:
  - Das Kind mit Autismus beschäftigt sich immer mit der gleichen Aktivität.
  - Das Kind weigert sich, das Gebäude zu verlassen, um auf den Pausenhof zu gehen.
  - Das Kind ist nicht in der Lage, sich in das Spiel der anderen Kinder zu integrieren und bleibt allein.
  - Es treten Konflikte mit anderen Kindern auf, da das autistische Kind immer dieselben Spielzeuge benötigt und sich diese nicht mit anderen teilen kann.
- Probleme bei Ruhezeiten:
  - Das Kind mit Autismus legt sich nicht wie die anderen nach dem Mittagessen hin.
  - Das Kind kommt nach dem Essen nicht zur Ruhe und stört die anderen Kinder.

Besondere Situation der Erzieherinnen in der Kita

Für die Erzieherinnen stellt es in vielen Fällen eine Herausforderung dar, allen Kindern entsprechend ihrer Unterstützungsbedarfe gerecht zu werden. Besonders die Betreuung der Kinder mit Autismus ist unter regulären Bedingungen daher nicht immer gut leistbar.

Je nach Konzept, kommt es zu mehr oder weniger viel »Bewegung« der Kinder und Erzieherinnen im Raum. Gruppenübergreifende Angebote erhöhen diese Bewegung noch zusätzlich. Bei »Regenpausen« und auch zu bestimmten Uhrzeiten oder im Rahmen einiger Aktivitäten kann der Geräuschpegel sehr hoch sein. Für Kinder mit Autismus, die oft Schwierigkeiten haben, Reize zu filtern, sind diese Situationen nicht selten sehr überfordernd und stressig (▶ Kap. 2.1).

Für Erzieherinnen kann es – besonders wenn Erfahrung mit dem Thema Autismus fehlt – schwer sein, herauszufinden, welche Unterstützung die Kinder mit Autismus benötigen, weil sich diese ungewohnt verhalten und andere Hilfestellungen benötigen. Kinder mit Autismus interagieren weniger mit anderen Kindern und »binden« Erzieherinnen aus einem erhöhten Sicherheitsbedürfnis heraus so zusätzlich an sich.

Es kann für Kinder mit Autismus schwierig sein, sich selbst zu organisieren und sich ohne Unterstützung selbstständig zu beschäftigen (▶ Kap. 2.1). Gerade bei »freien« Konzepten, die großen Wert auf die »Selbstbestimmung« der Kinder legen, kann dies zu Problemen führen. Die autistischen Kinder können sich in diesen Fällen nicht spontan zu einer Aktivität entscheiden und sind mit dem gebotenen Freiraum überfordert.

Ein wichtiges Thema in der Beratung ist auch der Umgang mit herausfordernden Verhaltensweisen. Wenn sich autistischer Kinder bedrängt fühlen, neigen sie u. U. dazu, andere »wegzuschubsen« o. ä.. Wenn beispielsweise bereits ein anderes Kind das bevorzugte gewählt hat, kann dies dazu führen, dass das Kind mit Autismus diesem das Spielzeug wieder wegnimmt.

Wenn es zu entsprechenden Konflikten mit anderen Kindern kommt, können Kinder mit Autismus allerdings nicht die Perspektive der anderen einnehmen und daher gestaltet sich das Treffen von Absprachen, die den Alltag für alle verträglicher gestalten, schwierig. Wenn das Kind im Autismus-Spektrum regelmäßig den anderen Kindern gegenüber aggressiv ist, kann die Vermittlung zwischen den Eltern dieser Kinder und denen der anderen Jungen und Mädchen als eine zusätzliche Aufgabe durch die Erzieherinnen notwendig werden.

Wissen um das Thema Autismus

Autismus ist kein neues Thema für die Erzieherinnen in den Kitas. Viele von ihnen verfügen bereits über Erfahrungen in diesem Bereich und haben Kinder mit Autismus begleitet. Als erste Abklärungsmöglichkeit für Erzieherinnen, die Autismus bei einem Kind aus der Kita vermuten, bietet sich die Checkliste des Autismus Therapieinstitut in Langen (▶ Online-Zusatzmaterial: https://dl.kohlhammer.de/978-3-17-034242-2) an. Die Verwendung einer solchen Liste ersetzt natürlich auf keinen Fall eine diagnostische Abklärung und sollte in Abstimmung mit den Eltern dieser Kinder eingesetzt werden.

In der Beratungspraxis zeigt es sich, dass das Wissen um das Thema Autismus in den Kitas unterschiedlich verteilt ist. Durch das große »Spektrum« an Erscheinungsbildern, kann es darüber hinaus vorkommen, dass sich eine im Autismus-Bereich nicht gänzlich unerfahrene Erzieherin neuen Herausforderungen gegenübersieht, weil das Kind mit Autismus, das sie nun betreut, andere Besonderheiten mitbringt, als Kinder mit Autismus von vergangenen Begegnungen. Ihre Erfahrungen und Lösungen können nicht übertragen werden und sie muss sich wieder ganz neu mit dem Thema Autismus auseinandersetzen.

Personelle Situation

Der Kontext »Kita« hat sich in den letzten Jahren stark professionalisiert. Auch bezüglich der Unterstützung von Kindern mit Autismus wurden, u. a. bei der personellen Ausstattung, strukturelle Änderungen umgesetzt. Beispielsweise arbeiten in Berliner Kitas »Facherzieherinnen für Integration«, die Kinder mit Behinderung integrativ unterstützen. Das Thema Autismus kennen viele Erzieherinnen bei Beginn ihrer beruflichen Laufbahn aus der Theorie ihrer Ausbildungen.

Je nach Einrichtung schwankt das Verhältnis zwischen Erzieherinnen und der Anzahl der zu betreuenden Kinder. Insgesamt kann gesagt werden, dass die Gruppengrößen für eine gute Betreuung eines Kindes mit Autismus oft eher ungünstig sind, da sie meist zu groß sind. Eine individuelle Betreuung der betreffenden Kinder mit höherem Bedarf, zu denen Kinder mit Autismus in der Regel gezählt werden können, ist eher schwierig umzusetzen, sodass diese Kinder, zumindest zeitweise, auch ohne direkte Betreuung zurechtkommen müssen.

Strukturelle Überlegungen

Kitas sind schon lange kein Kontext mehr, in dem es »nur« um die Entlastung von arbeitenden Eltern geht. Den Kindern Lern- und Erfahrungsräume zu bieten, in denen sie sich gut entwickeln können, ist in einer Vielzahl der Einrichtungen auch strukturell verankert. Förderung gehört an dieser Stelle also auch zur Aufgabe von Erzieherinnen (▶ Tab. 3.1).

Für Kinder mit Autismus bietet der Besuch einer Kita eine erste Erfahrung mit »Gruppen« und ist entsprechend wichtig. Eine gelungene Integration bietet hier folglich einen wichtigen Beitrag für ihre weitere Entwicklung und entscheidet womöglich auch mit darüber, wie sie sich kommenden Erfahrungen gegenüber verhalten.

Kitas als einen Ort der Förderung zu sehen, ist daher wichtig. Erzieherinnen benötigen, um diese Aufgabe gut bewältigen zu können, bestimmte Unterstützungen und müssen gut ausgebildet sein.

Neben den Ausbildungen der Erzieherinnen sollte aber auch weiter über die »Größe« von Kitas und Kitagruppen gesprochen werden. Daran anschließend ist es notwendig, darüber nachzudenken, ob für bestimmte Kinder mit Autismus auch spezielle Konzepte für Kitas erarbeitet werden müssen.

Tab. 3.1: Ressourcen und Herausforderungen des Kontextes Kita

Ressourcen des Kontextes Kita für den Bereich Autismus	Herausforderungen des Kontextes Kita für den Bereich Autismus
hoher Grad an Individualität möglich	Kinder mit Autismus können leicht »untergehen« im alltäglichen Ablauf
viele Lernmöglichkeiten in der Interaktion mit Gleichaltrigen	offene Konzepte können überfordernd wirken
viele neue Erfahrungen, die in anderen Kontexten nicht möglich wären	viel selbst entscheiden, was getan wird als Überforderung
Entlastung der Eltern	hohe Reizdichte durch Geräuschpegel, Bewegung

3.2 Autismus in der Schule

> Eine Schülerin mit Autismus diskutiert am Ende des Deutschunterrichts mit ihrer Lehrerin darüber, dass diese doch bitte möglichst direkt aufhören solle, zu sprechen, wenn das Klingelzeichen zum Ende des Unterrichts ertönt. Ihr Argument ist, dass dieses Zeichen das Ende des Unterrichts signalisiere und die Lehrerin diesem Signal entsprechend folgen solle.

Ähnlich wie in den Kitas, ist Autismus auch für Schulen kein neues Thema. Trotzdem gibt es hier ebenfalls eine Veränderung, was die Wahrnehmung dieses Themas betrifft. War Autismus früher eher ein Thema, das Förderschulen beschäftigte, ist es nun im Kontext inklusiver Bemühungen auch in Regelschulen präsent. Kinder und Jugendliche mit Autismus besuchen nun teilweise auf der einen Seite Schulen mit Klassenstärken von 7-9 Schülern, oder aber werden mitunter in Klassen von bis zu 30 Schülern unterrichtet.

An den regulären Schulen werden die größeren Klassenstärken von einer Lehrerin unterrichtet. Reguläre Schulen unterscheiden sich in der Struktur des Ablaufes stark von der an Förderschulen. An den Förderschulen arbeiten, neben den Lehrerinnen, weitere Fachkräfte wie Sonderpädagoginnen, pädagogische Unterrichtshilfen und Schulhelferinnen in den Klassen. Mancherorts erhalten auch reguläre Schulen Unterstützung durch Sonderpädagoginnen und Schulhelferinnen[3].

Die Vermittlung von Lerninhalten ist in Schulen das zentrale Ziel. Die unterschiedlichen Inhalte werden in verschiedene Fächer unterteilt und im Unterricht vermittelt. An den Förderschulen wird erfahrungsgemäß viel Wert auf die Vermittlung von »lebenspraktischen Themen« gelegt. Dies wird auch durch Inhalte wie z. B. das Thema »Frühstück« deutlich. In einigen dieser Schulen beginnt der Tag mit einem gemeinsamen Frühstück, bei dem dann auch eine entsprechende Förderung in diesem Bereich stattfindet.

Erfahrungsgemäß erleben Lehrerinnen ihre Arbeitssituation mit autistischen Kindern unterschiedlich. Auch der Bedarf an Beratung ist unterschiedlich. Kontakt zu einer spezialiseren Beratungsstelle nehmen sie oftmals dann auf, wenn eine Krise in der Beschulung des autistischen Schülers eingetreten ist oder befürchtet wird.

Typische Themen in der Beratungsarbeit

- Umgang mit herausfordernden Verhaltensweisen
    - aggressive Verhaltensweisen der autistischen Schüler als Reaktion auf Grenzsetzungen oder Kritik

---

[3] Je nach Bundesland gibt es hier unterschiedliche Begriffe. In Bayern gibt es die Bezeichnung »Schulbegleiterin«. Weitere Begriffe sind »Schulassistentin« und »Integrationshelferin«.

- Störungen des Unterrichts
- starke Apathie und Rückzug
- aggressive Verhaltensweisen gegenüber anderen Mitschülern
- Diskussionen um das Thema »Umgang mit Regeln«
• Prüfungen und Umgang mit den Anforderungen der Lehrpläne
  - Schüler mit Autismus lehnen bestimmte Inhalte ab
  - unebenes Fähigkeitsprofil (gute Fähigkeiten in bestimmten Fächern, Schwierigkeiten bei anderen Inhalten)
  - Benotung unter Berücksichtigung eines Nachteilsausgleichs schwierig
• Gestaltung und Umsetzung von Förderplänen
  - Schwerpunktlegung und Zielformulierung
  - Umsetzung im Schulalltag
• Kooperation mit Eltern
  - Situation in der Schule stark abweichend von der Situation Zuhause
  - Konflikte zwischen Schule und Eltern
• Kooperation mit externen Fachleuten
  - Ideen der Fachleute sind nicht passend für den schulischen Alltag
  - Hilfen können nicht ohne Weiteres integriert werden
  - fehlende Ressourcen für Kooperation

Besondere Situation der Lehrerinnen in der Schule

Schule als Kontext kann sehr anspruchsvoll sein – sowohl für die autistischen Schülerinnen als auch für die Lehrerinnen. Ähnlich wie im Bereich »Kita« (▶ Kap. 3.1), wirkt sich hier das Thema »Reizwahrnehmung« sehr direkt aus und kann bestimmte Anforderungen auf beiden Seiten zusätzlich erschweren.

In einigen Fällen sind die Lehrerinnen wie im beschriebenen Beispiel zu Beginn dieses Kapitels direkte Adressaten diverser Aggressionen. Es kann für Lehrerinnen herausfordernd sein, eine positive und zugewandte Haltung den autistischen Schülern gegenüber zu bewahren – gerade, wenn diese sich herausfordernd verhalten und sich nicht entschuldigen können. Wie Eltern (▶ Kap. 2.2) und Fachleuten (▶ Kap. 2.3) kann es natürlich auch Lehrerinnen ergehen und sie erleben ein starkes Missverhältnis zwischen »Geben« und »Bekommen« in den Kontakten mit Schülern mit Autismus.

Andererseits sind gerade die Schüler mit Asperger-Syndrom häufig diejenigen, die den Stoff des Unterrichts sehr bereitwillig und ohne viel Anstrengung erlernen. Sie schätzen klare Regeln und halten sich entsprechend auch an die Absprachen, die zwischen Lehrerinnen und den Schülern getroffen werden. Schule als Kontext kann für diese Kinder sehr angenehm erlebt werden, da sie nach den möglicherweise intellektuell unterfordernden Kita-Jahren endlich lernen können und ihnen dies große Freude bereitet. Auch für Schüler mit Autismus kann das »Wissen um das eigene Wissen« ein wichtiger Beitrag zu einem positiven Selbstbild sein. Regelmäßig gehören diese Schüler auch zu den besten Schülern der Klasse insgesamt. Entsprechend aufbauend kann natürlich die Erfahrung für eine Lehrerin sein, die bemerkt, dass es ein großes Interesse an dem Stoff ihres Themengebietes bei dem betreffenden Schüler gibt.

Bei der Überprüfung der Leistungen der Schüler mit Autismus kommt es häufig zu einer widersprüchlichen Wahrnehmung bei den Lehrerinnen. Die Leistungen der jeweiligen Schüler schwanken stark – intellektuelle Fähigkeiten und soziale (sowie motorische) Fähigkeiten andererseits, können sehr unterschiedlich entwickelt sein. Beides zu sehen und als gegeben hinzunehmen, fällt vielen Lehrerinnen schwer. Diese Widersprüchlichkeit zu sehen und zu akzeptieren, ist erfahrungsgemäß ein sehr wichtiger Punkt in der konfliktfreien Zusammenarbeit zwischen Lehrerinnen und Schülern mit Autismus. Wenn dieser Punkt akzeptiert wurde, ist es weiterhin eine anspruchsvolle Aufgabe für die Lehrerinnen, diese Schüler je nach Bereich im Unterricht nicht zu über- aber auch nicht zu unterfordern.

Ist die Durchlässigkeit in der Kita bezüglich des Kontakts zu den Eltern üblich, sind Termine für Eltern und Außenstehende in Schulen eher schwer zu arrangieren. Die eingeplanten Zeitfenster dafür sind rar und knapp. Ressourcen in Bezug auf Zusammenarbeit und Kooperation sind insgesamt sehr begrenzt.

Es gibt vermutlich nicht viele Berufe, in denen die Niederlage und die damit einhergehenden Ohnmachtsgefühle so stark wirken kann wie im Lehrberuf. Es gibt in kritischen Situationen meist viele Menschen, die alles miterleben und »zuschauen«. Gerade Lehrerinnen stehen in ihrer Vorbildfunktion vor der gesamten Klasse hier unter starker Beobachtung.

Kooperation und Teamarbeit

Teamarbeit in Kollegien an Schulen gestaltet sich insgesamt erfahrungsgemäß eher schwierig. Auch wenn in den Förderschulen ganze Teams in einer Klasse gemeinsam beschäftigt sein können, ist es aufgrund des Rahmens und der Vielzahl an Aufgaben nicht immer ausreichend möglich, sich gut abzustimmen und das gemeinsame Vorgehen zu besprechen.

An manchen Schulen, die nicht nach den Regelplänen unterrichten, wie beispielsweise Schulen mit sonderpädagogischem Förderschwerpunkten, ist der Zusammenhalt in den Kollegien oftmals stärker. Mögliche Gründe sind z. B. Situationen wie das gemeinsame Frühstück oder Mittagsessen in den Klassenverbänden, in denen es neben der Förderung der Schüle auch immer Raum für den Austausch untereinander gibt.

Belastung von Lehrerinnen und Lehrern

Insgesamt bewegen sich Lehrerinnen – gerade an Regelschulen – in einem Spannungsfeld zwischen engen zeitlichen und inhaltlichen Vorgaben und verschiedenen Stressoren.

Womöglich sind es auch die bereits beschriebenen Strukturen, die Lehrer im Schulalltag zu »Einzelkämpfern« werden lassen können. Die Anforderungen, die der Beruf mit sich bringt, können – in Kombination mit dem Bedürfnis nach Schutz des Privatlebens und Entlastung – dazu führen, dass es mehr und mehr »Dienst nach Vorschrift« gibt und wenig Bereitschaft herrscht, sich entsprechend eines Überlastungsschutzes anderen Kollegen oder auch Fachleuten in der Beratung gegenüber zu öffnen.

> »Die Befunde sind relativ eindeutig: Schwierige Schüler, die die Lehrkräfte durch Disziplinlosigkeit, mangelnde Lernmotivation und Leistungsbereitschaft permanent fordern, große Klassen und hohe Pflichtstundendeputate bilden die Trias von einander in ihrer Wirkung aufschaukelnden Faktoren, die in verschiedenen Untersuchungen als Hauptbelastungsfaktoren von befragten Lehrkräften immer wieder benannt werden (vgl. Schaarschmidt, 2004; Dauber & Vollstädt, 2004) und die zusammen mit sozial-kommunikativen Anforderungen (Interaktionen mit Eltern, Kollegen, Schulleitung) und physikalischen Stressoren (Lärm) eine Anforderungsstruktur bilden, die die Bewältigungsmöglichkeiten der Betroffenen stark strapaziert und auf lange Sicht offenbar ein Gefährdungspotenzial für die Entstehung von insbesondere psychischen und psychosomatischen Gesundheitsproblemen darstellt (vgl. Wegner, Berger, Krause & Baur, 2004; Hillert & Schmitz, 2004).« (Döring-Seipel & Dauber, 2010, S. 1)

Konflikte im Kontext Schule

Lehrerinnen arbeiten, wie bereits beschrieben, in einem anspruchsvollen Setting. Dies kann die Anforderungen bezüglich der konkreten Beschulung der Schüler betreffen, aber auch die Aufgabe, sich selber zu entlasten und in diesem Beruf dauerhaft gesund zu bleiben.

> Ein Schüler mit Autismus hat die Angewohnheit, Gedanken, die ihm zu den Fragen der Lehrerin im Unterricht einfallen, laut auszusprechen. Dies hat sich als hilfreich für ihn erwiesen, seine Gedanken zu sortieren und zu guten Ergebnissen zu kommen. Während einer Testsituation, die üblicherweise still verläuft, zeigt er dieses Verhalten erneut, sodass er seine Lösungen zu den Fragen des Tests auch für die anderen Kinder und die Lehrerin hörbar vor sich »hinspricht«.

Ein häufiges Thema in der Beratungsarbeit ist das der »Ausnahmen« oder, salopp gesagt, »Extrawürste«. Erfahrungsgemäß wird jede Lehrerin in der Arbeit mit Schülern mit Autismus irgendwann an den Punkt kommen, an dem sie Situationen erlebt, die sie so noch nicht kennt und auf die sie nicht vorbereitet ist.

Konflikte entstehen dann, wenn die Lehrerin in einer entsprechenden Situation als Argument vorbringt, dass eine Regel für alle gelte, also auch für den betreffenden Schüler. Der Schüler mit Autismus hat aller Wahrscheinlichkeit nach allerdings kein »Konzept« von allgemeinen Verhaltensregeln und es fällt ihm daher schwer, solche einzuhalten, wenn er selbst diese nicht nachvollziehen kann. Kinder mit Autismus sind zudem häufig nicht in der Lage, zu deeskalieren. Sie sehen nur sich und wirken folglich egozentrisch. Womöglich beginnt der Schüler in der beschriebenen Situation eine Diskussion mit der Lehrerin über den Sinn einer entsprechenden Regel und wird sich auch nach dieser Diskussion nicht unbedingt an die Regel halten. Gerade die Lehrer, die keine Ausnahmen zulassen oder eine Konfrontation fokussieren, geraten schnell in »Machtkämpfe«. Besonders wichtig sind »Ausnahmen« daher als Mittel zur Konfliktvermeidung und -entschärfung.

In der Beratung werden darüber hinaus Konflikte innerhalb des Kollegiums beschrieben, die entstehen, wenn Lehrerinnen das Gefühl haben, zu wenig Unterstützung bei der Beschulung der Schüler mit Autismus von anderen Kolleginnen und von der Leitung zu erhalten. Es kann vorkommen, dass bestimmte Schüler mit ihren herausfordernden Verhaltensweisen bereits bekannt sind innerhalb des Kollegiums und es wenig Bereitschaft gibt, die Kolleginnen bei ihren Aufgaben zu entlasten. Um die Situation zu entspannen, kann es wichtig sein, den betreffenden Schüler zumindest zeitweise auch durch andere Lehrerinnen betreuen zu lassen und die überlasteten Kolleginnen zu unterstützen.

Ein weiterer Konflikt kann entstehen, wenn eine Lehrerin oder eine Direktorin zu der Überzeugung gelangt, dass bestimmte Schüler nicht weiter beschult werden können. Dies kann auch aus der gerade beschriebenen Situation heraus entstehen, in der die Bereitschaft im gesamten Kollegium schwindet oder fehlt, bei bestimmten Schülern unterstützend tätig zu werden oder diese in die eigene Klasse aufzunehmen. Auch wenn sich Krankmeldungen häufen und eine Direktorin womöglich abwägen muss zwischen den Bedürfnissen ihrer Mitarbeiterinnen und denen der betroffenen Schüler.

Konflikte können in der Beschulung von Schülern mit Autismus also durchaus schnell entstehen. Diese Konflikte zu bearbeiten, ist im Kontext Schule nicht immer ganz einfach. Die Struktur bietet häufig wenig Möglichkeiten hierzu, sodass Konflikte auch lange andauern und/oder einen ungünstigen Verlauf nehmen können. Die enge Taktung des Ablaufs, der fehlende Freiraum für Austausch auf anderer Ebene untereinander und vor allem die hohe Anforderung bezüglich des Vorbereitens und Durchführens des Unterrichts sind nur einige der möglichen Aspekte, die berücksichtigt werden müssen.

Inklusion

Auch wenn hier das Thema Inklusion im Zusammenhang mit der Beschulung von Schülern mit Autismus aufgegriffen wird, reicht dieses Thema weit über den Kontext Schule hinaus. Inklusion beschäftigt sich mit den Prozessen des »Ausschlusses«, bzw. des »Einschlusses« aller Menschen hinsichtlich unterschiedlicher Aspekte ihres Lebens. Folglich ist Inklusion auch nicht vorrangig für Menschen mit Behinderung relevant, sondern spielt auch eine wichtige Rolle in Bereichen wie »Gentrifizierung«, »politische Bildung«, »Migration«, »Diversity« und »Gender«. Grundsätzlich geht es bei Inklusion um gesellschaftliche Perspektivverschiebungen und die Auswirkungen dieser Verschiebungen.

Damit die Umsetzung von Inklusion gelingen kann, sind alle Bereiche der Gesellschaft gefordert. Es müssten dafür herrschende Werte und Normen hinsichtlich ihres Ausschluss-Potenzials untersucht werden. Bereiche mit deutlicher »Konkurrenzkultur« und der Gewohnheit, das eigene Handeln vor allem anhand ökonomischer Effizienz zu bewerten, müssten sich dafür neu aufstellen (Flieger & Schönwiese, 2015).

Grundlegend bei der Auseinandersetzung mit dem Thema »Inklusion« ist die Vorstellung, dass Menschen sozial exkludiert werden können. Dieser Ausschluss kann konkret erfolgen in Bereichen wie Arbeit, Bildung, Gesundheit, und auch bezogen auf den öffentlichen Raum. Ursprünglich auf Menschen angewandt, die von materieller Armut betroffen sind, untersucht Inklusion mittlerweile viele weitere Gruppen von Benachteiligung »bedrohter« Menschen. Im Rahmen von Inklusion wird untersucht »wie eine Strategie der öffentlichen Institutionen und des öffentlichen Raums aussehen könnte, die für Einschluss sorgt, anstatt den Ausschluss zu befördern« (Siller, 2015, S.26).

Wie bereits erwähnt, wird das Thema Inklusion von unterschiedlichen Seiten her bearbeitet. Einerseits gibt es übergreifende gesamtgesellschaftliche Initiativen und andererseits auch Umsetzungen einzelner Interessenvertretungen. Diese haben unterschiedliche Schwerpunkte und sind in sich durchaus divers, sodass es für die Akteure schwer werden kann, den öffentlichen Diskurs weiter als gemeinsames Anliegen zu gestalten und den Spagat zwischen den gesamtgesellschaftlichen Forderungen und denen der eigenen Gruppierung zu schaffen. Auch innerhalb einzelner Gruppen kann es eine große Bandbreite geben bezüglich gesellschaftlicher Ausschlussrisiken. Bei Menschen mit Behinderung kann für Personen, die auf einen Rollstuhl angewiesen sind, u. U. das Thema der Installation von Rampen und elektrischen Türöffnern an öffentlichen Gebäuden wichtig sein. Ein Mensch mit Autismus, der große Schwierigkeiten in der Orientierung hat, bräuchte wiederum eine Orientierungshilfe, mit der er sich innerhalb dieser Gebäude zurechtfinden kann. In der Gruppe von Menschen mit Autismus gibt es zudem auch Vertreter, die es ablehnen, als »behindert« zu gelten. Das zeigt: ein weites Feld unterschiedlichster Bedarfe und Zugehörigkeitsfragen.

Grundlage der Beschäftigung mit dem Thema Behinderung ist die Frage, wodurch diese verursacht werden. Behinderungen werden als Hindernisse definiert, die Personen die gesellschaftliche Teilhabe erschweren oder sie davon abhalten können.

Rechtlich spielt das Thema eine Rolle, da sich Deutschland 2009 dazu verpflichtet hat, die UN-Behindertenrechtskonvention aus dem Jahre 2006 anzuerkennen und umzusetzen. Dies bedeutet, dass Maßnahmen ergriffen werden müssen, die Inklusion von Menschen mit Behinderung umzusetzen. Dass es im Zusammenhang mit dem Thema immer wieder auch zu Verwirrung bezüglich des Gebrauchs dieses Wortes kommt, hat mit den vielen Facetten des Begriffs zu tun. Schwierig ist beispielsweise, dass in der deutschen Übersetzung der Konvention das englische Wort »inclusion« mit »Integration« erfolgte – die beiden Worte jedoch unterschiedliches meinen. Petra Flieger und Volker Schönwiese schreiben in »Inklusion – Wege in die Teilhabegesellschaft« (Campus, 2015) dazu: »Für diese und andere Übersetzungsschwächen sowie die nur marginale Einbeziehung von Interessenvertretungen behinderter Menschen ist die offizielle Version [der UN-Konvention] stark kritisiert worden.« (Flieger & Schönwiese, 2015, S. 279).

In Bezug auf das Thema Schule und Autismus geht es bei Inklusion darum, sicherzustellen, dass Schüler im Autismus-Spektrum nicht darin behindert werden, eine Schule zu besuchen. Wie stark und ob eine entsprechende Behinderung überhaupt eintritt, ist von Fall zu Fall unterschiedlich. Durch das Thema Inklusion eröffnet sich für alle Schulen ein Entwicklungsfeld, in dem es keinen Unterschied macht, ob es sich hier konkret um eine Schule mit einem Förderbedarf handelt oder um eine Regelschule.

Schüler mit Autismus werden auch jetzt schon in allen Schultypen unterrichtet (▶ Kap. 3.2). Sie besuchen reguläre Schulen mit hohen Klassenstärken genau wie spezielle Angebote, in denen sie in kleinen Gruppen und ausschließlich mit weiteren Kindern mit Autismus unterrichtet werden.

Untersuchungen in den USA haben Folgendes ergeben: »99% der Schüler mit Behinderung besuchen dort die allgemeine Schule, aber nur 7% besuchen sie zu 100% (Theunissen, 2014). 33% der Schüler im Autismus-Spektrum nehmen an weniger als 40% des Unterrichts teil (NCES[4], 2013).« (Schirmer, 2019, S.36)

Durch die Umsetzung der Behindertenrechtskonvention ist die Diskussion rund um das Thema der Beschulung von Schülern mit Autismus weiter angeregt worden. Das »Menschenrecht auf inklusive Bildung« wird in Artikel 24 der UN-Konvention definiert. Wie es um die Umsetzung bestellt ist, ist für den Bereich Autismus insgesamt sehr schwer einzuschätzen. Vermutlich gibt es – wie in der Bildungspolitik auch bei anderen Fragen – große Unterschiede im Vergleich der Situation in den verschiedenen Bundesländern. Flieger und Schönwiese schreiben über die Beurteilungen der Monitoring-Ausschüsse aus Österreich und aus Deutschland, die die Umsetzung der UN-Konvention überwachen: »Beide beurteilen den Ist-Stand sehr kritisch; beide konstatieren dringenden Veränderungsbedarf in den Bildungssystemen, bei der Lehrer/innen-Aus und Fortbildung sowie in der Verwaltung.« (Flieger & Schönwiese, 2015, S. 281)

Wichtige Aspekte, die eine erfolgreiche Aufnahme eines Schülers mit Autismus begünstigen, bündelt Brita Schirmer in Form von acht Oberpunkten (Schirmer, 2019, S. 49–74):

1. Die Vorbereitung des Schülers
2. Lern- und Verhaltensvoraussetzungen bestimmen
3. Vorbereitung des Kollegiums
4. Bereitstellung bedarfsgerechter Personalressourcen
5. Die Mitschüler vorbereiten
6. Eltern der zukünftigen Mitschüler vorbereiten
7. Externe Unterstützer
8. Schüler helfen Schülern

Strukturelle Überlegungen

Trotz wachsendem Bewusstsein für das Thema Autismus und zunehmenden Kenntnissen sehen sich Lehrerinnen ohne extra sonderpädagogische Ausbildung dennoch einer zunehmenden Fülle von Aufgaben gegenüber. Durch die Strukturänderungen der letzten Jahre kann eine Lehrerin, die sich auf ihre Arbeit in einer Regelschule mit bestimmten Ideen vorbereitet hat, mit gänzlich anderen und auch neuen Herausforderungen konfrontiert sein, wenn neben den

---

4 National Center of Education Statistics

allgemeinen Leistungsunterschieden von Schülern auch Besonderheiten, die Autismus mit sich bringt, berücksichtigt werden müssen. Das Berufsbild kann sich ändern, wenn diese Lehrerin zunehmend mit Themen konfrontiert wird, die ursprünglich vor allem im Bereich der Sonderpädagogik beheimatet waren und die nun auch im »Regelbetrieb« zum Normalfall werden. Sollen Lehrerinnen allen Kindern – mit und ohne Beeinträchtigung – in ihrem Unterricht gerecht werden, müssen sie anders ausgebildet werden.

Der Umgang mit Verhaltensauffälligkeiten ist für viele Lehrerinnen in der Beratung ein wichtiges Thema. Die Frage danach, wie die Richtlinien aus den Regelplänen unter den Bedingungen der gemeinsamen Beschulung von Schülern mit und ohne Behinderung umgesetzt werden können, sollte nicht nur in der Verantwortung der jeweiligen Lehrerinnen liegen. Damit dies gelingen kann, braucht es neben passenden Konzepten hier vor allem auch strukturelle Unterstützungsmaßnahmen.

Die Diskussion, ob ein Schüler mit Autismus eine Regelschule oder eine Schule mit sonderpädagogischen Förderschwerpunkt besuchen soll, wird immer wieder auch entlang der Bedingungen unterschiedlicher Schultypen geführt. Bedingungen wie »Klassenstärke« spielen dabei für Schülern mit Autismus eine sehr entscheidende Rolle. Es muss folglich an dieser Stelle auch über allgemeine, d. h. alle Klassen betreffende Aspekte nachgedacht werden. Beispielsweise, ob reguläre Klassenstärken von bis zu 30 Kindern, wie sie heute vielerorts üblich sind, nicht zu groß sind, um allen Kindern im Unterricht gerecht werden zu können.

Erfolgreich trotz widriger Bedingungen

Schüler mit Autismus werden in sehr unterschiedlichen Settings unterrichtet. Schulen mit dem Schwerpunkt Autismus bieten andere Voraussetzungen im Hinblick auf Personal und Gestaltungsmöglichkeiten des Unterrichts als Regelschulen.

Tab. 3.2: Ressourcen und Herausforderungen des Kontextes Schule

Ressourcen des Kontextes Schule für den Bereich Autismus	Herausforderungen des Kontextes Schule für den Bereich Autismus
klare Struktur im Alltag kann helfen bei der Orientierung	zu viele Reize können Orientierung erschweren
intellektuelle Herausforderungen sind für Menschen mit Asperger-Syndrom willkommen	Konzepte wie »selbstbestimmtes Lernen« können überfordern
Interaktion mit Gleichaltrigen möglich	Gefahr, Ziel von Mobbing zu werden
Entlastung der Eltern	Überforderung der Lehrer im Zusammenhang mit dem Thema Autismus

Damit die Arbeit in verschiedenen Schulkontexten erfolgreich sein kann, müssen neben vorhandenem »Wissen um das Thema Autismus« sowie Kenntnisse bezüglich der speziellen »Methoden der Förderung von Schülern mit Autismus« weitere Faktoren berücksichtigt werden (▶ Tab. 3.2). Die »Ausnahmen« als Mittel zur Konfliktvermeidung sind ebenso wichtig, wie die Fähigkeit von Lehrerinnen ihren Blick auf »das Ganze« zu richten. Klassengemeinschaften sind Systeme, in denen unterschiedliche Befindlichkeiten und diverse Bedürfnisse aufeinandertreffen, wobei es ein Ziel sein muss, diese in »Balance« zu halten.

3.3 Autismus in Wohnstätten

Ein Bewohner mit Autismus erträgt es nicht, wenn beim gemeinsamen Abendessen halbleere Wasserkannen auf dem Tisch stehen. Er löst dieses Problem für sich, in dem er zu Beginn des Abendessens die Kannen nimmt und die noch leeren Gläser der anderen Bewohner füllt, bis alle Kannen auf dem Tisch leer sind. Dass die anderen Bewohner zum Teil andere Getränke als Wasser bevorzugen, ignoriert er dabei.

Unter Wohnstätten gibt es Einrichtungen für junge Erwachsene und Erwachsene, die gänzlich auf Autismus ausgerichtet sind, und andere, die mit gemischten Gruppen arbeiten. Es gibt auch Wohnstätten, die Kinder und Jugendliche mit Autismus betreuen. Eine Auswahl von Angeboten enthält die Liste, die online heruntergeladen werden kann (https://dl.kohlhammer.de/978-3-17-034242-2).

Teilweise besuchten Menschen, die hier leben, vorher andere Einrichtungen oder sie wohnten bei ihren Eltern. Die Beweggründe für den Einzug können unterschiedlich sein – entweder die Menschen mit Autismus äußern selber den Wunsch dazu, oder ihre Eltern wünschen sich eine Veränderung der Situation zuhause.

Bevor die Entscheidung zum Um-, bzw. Einzug getroffen wird, werden unterschiedliche Angebote genauer betrachtet. Je nach Angebot, werden ggf. bestimmte Anforderungen gestellt an die Fähigkeiten der Personen in Bezug auf eine selbstständige Tagesstrukturierung, oder das Vermögen, Vorgaben bezüglich gemeinsamer Aktivitäten einhalten zu können. In einigen Einrichtungen ist es zudem wichtig, dass die Bewerber Kompetenzen hinsichtlich der eigenen Körperhygiene mitbringen oder gewisse Aufgaben im Gruppenkontext übernehmen können.

Beratungsbedarf bei den Mitarbeitenden in Wohnstätten entsteht häufig, wenn es zu Schwierigkeiten kommt in der Zusammenarbeit mit den autistischen Bewohnern.

Typische Themen in der Beratungsarbeit

- Umgang mit herausfordernden Verhaltensweisen
  - aggressive Verhaltensweisen der autistischen Bewohner als Reaktion auf Grenzsetzungen
  - starke Apathie und Rückzug
  - aggressive Verhaltensweisen gegenüber anderen Mitbewohnern
- Fragen zur Förderung in der Wohnstätte
  - Umsetzung von Förderzielen scheitert an den Anforderungen des Alltags
  - krisenhafte Verläufe lassen Ziele in den Hintergrund treten
  - Uneinigkeit im Team bezüglich der Umsetzung der Förderziele
  - unterschiedliches Wissen um spezifische Förderansätze erschwert Zusammenarbeit
- Gestaltung des gemeinsamen Alltags
  - Einbindung der autistischen Bewohner in den Ablauf
  - (fehlende) Interaktion zwischen den Bewohnern untereinander
- Kooperation mit Eltern
  - Uneinigkeit über das Vorgehen in der Förderung und in der Schwerpunktsetzung
- Ermittlung des Hilfebedarfs
  - Instrumente sind teilweise nicht geeignet, um autistische Besonderheiten abzubilden
- Kooperation im Team
  - Abstimmung über gemeinsames Vorgehen schwierig
  - unterschiedliche Auffassung über die Ausrichtung der Arbeit

Besondere Situation der Mitarbeitenden in Wohnstätten

Wohnstätten sind Orte, an denen sehr grundsätzliche Themen auftauchen können. Es geht um »Autonomie«, »Anpassung« und nicht zuletzt um die »Regeln des Zusammenlebens«.

Menschen mit Autismus sind nicht ohne Weiteres in der Lage, eigene Wünsche bezüglich des Zusammenlebens zu äußern. Ihre Fähigkeit, Rücksicht auf eventuelle Eigenarten der anderen Mitbewohner zu nehmen, ist i. d. R. eingeschränkt. Interaktion kommt unter den Bewohnern aufgrund der autistischen Beeinträchtigung eher selten vor, sodass die Betreuerinnen zu sehr engen Bezugspersonen in den Einrichtungen werden.

Einige der Bewohner besuchen an den Wochenenden ihre Eltern. Tagsüber bieten viele Wohnstätten Tagesstruktur-Angebote oder die Bewohner nutzen Angebote in Werkstätten für Menschen mit Behinderung.

Menschen mit Autismus, die in diesen Einrichtungen wohnen, sind im hohen Maße davon abhängig, dass die Betreuerinnen um sie herum die Bedingungen schaffen, in denen sie gut leben können. Die Arbeit dieser Betreuerinnen ist entsprechend stark davon bestimmt, für jeden Bewohner die bestmögliche Situation zu schaffen.

Die Zielsetzungen bezüglich dieser Angebote sind insgesamt unterschiedlich individuell bzw. an der jeweiligen Situation der Personen ausgerichtet. Grundsätzlich kann im Vordergrund stehen, eine Struktur zu schaffen, die individuelle Anforderungen zur Förderung der Selbstständigkeit bietet. Auch die Einbindung in die alltäglichen Aufgaben in den Einrichtungen (wie beispielsweise das Einräumen der Spülmaschine der das Wegbringen des Abfalls) wird hier unterstützt. Diese Anforderungen werden entsprechend der Bedürfnisse mit ausreichend Rückzugs- und Entspannungsangeboten kombiniert.

Personelle Situation

In Wohnstätten arbeiten häufig Mitarbeiterinnen mit Abschlüssen als »Erzieherin« oder »Heilerziehungspflegerin«. Die Leitung absolvierte häufig ein Sozialpädagogik-Studium.

Gearbeitet wird in Wohnstätten im Mehrschichtsystem, also Früh- und Spätschicht. Nachtwachen werden in einigen Einrichtungen auch durch Mitarbeiterinnen gestellt, die nicht direkt an das Team angebunden sind.

Wohnheimteams können vergleichsweise viele Mitarbeiterinnen umfassen, die in unterschiedlicher Zusammensetzung in den Diensten arbeiten. Pro Schicht sind die Mitarbeiterinnen durchschnittlich zu zweit im Dienst. Zu »Überschneidungen« kommt es in den »Übergabezeiten« zwischen den Früh- und Spätdiensten in der Mittagszeit.

Der »Personalschlüssel«, also das Verhältnis zwischen der Anzahl der Bewohner und der Fachkräfte, schwankt je nach Einrichtung. Spezialisierte Einrichtungen können – nach erfolgreichen Verhandlungen mit den Kostenträgern – eine 1:1 Betreuung erreichen. Die Gruppengröße in diesen Einrichtungen ist zudem insgesamt eher kleiner und umfasst meist max. fünf Personen.

In den anderen Einrichtungen kann dieses Verhältnis bis zu 4:1 (4 Bewohner:1 Mitarbeiterin) betragen. In der Regel werden in diesen Wohngruppen bis zu acht Bewohner und Bewohnerinnen betreut.

In der Beratung zeigt sich, dass einige dieser Teams sehr lange und kontinuierlich zusammenarbeiten, in anderen wechseln Mitarbeiterinnen häufig und es kommt zu Fluktuation.

Die Arbeitsbelastung kann durchaus hoch sein für die Mitarbeiterinnen in diesen Einrichtungen. Weil die Betreuung – anders als beispielsweise in der Förderung (▶ Kap. 3.4) – nicht ausfallen kann bei Krankheit von Mitarbeiterinnen, muss hier für Ersatz gesorgt werden. Dies kann eine herausfordernde Aufgabe für die Leitungen dieser Teams darstellen, bei der es um die Balance geht, den Dienst einerseits zu besetzen und andererseits darauf zu achten, dass freie Zeit und Freizeit zur Erholungszwecken sichergestellt sind.

Konflikte im Kontext Wohnstätte

Nicht selten kommt es in Wohnsituationen zu aggressiven Verhaltensweisen der Bewohner. Sei es die bevorzugte grüne Tasse, die morgens nicht zum Frühstück auf dem Tisch steht oder eine kurzfristige Planänderung: Krisen können sehr schnell entstehen und eskalieren. Diensthabende Betreuerinnen können diesen aggressiven Verhaltensweisen direkt ausgesetzt sein und ebenso selber zum Ziel werden.

Für einige dieser Aggressionen sind die Auslöser klar erkennbar und es lassen sich kurzfristige Lösungen finden. Legt ein Bewohner den Weg zum Bus, der ihn in die Werkstatt bringen soll, beispielsweise immer in sehr langsamen Tempo zurück und ein »Antreiben« würde aggressionsauslösend wirken, kann die Situation von vornherein entspannt werden, indem für den Weg insgesamt mehr Zeit eingeplant bzw. früher losgegangen wird.

Bei anderen Auslösern ist es u. U. schwieriger, diese zu identifizieren, wodurch es nicht möglich ist, präventiv auf die Verhaltensweisen einzuwirken. Langanhaltende, plötzlich auftretende aggressive Verhaltensweisen können Mitarbeiterinnen und Teams in Wohnstätten sehr belasten und möglicherweise zu Angstgefühlen den Bewohnern gegenüber führen.

Einige Menschen mit Autismus zeigen sehr extreme Verhaltensweisen, die schwer zu ertragen sind oder schockieren können. Hierzu zählen Dinge wie »Schmieren mit Kot«, »plötzliches Würgen bis zum Erbrechen«, »Haare ausreißen«, »Kopfschlagen auf Steinoberflächen«, o. ä. In der Beratung werden häufig Situationen geschildert, in denen z. B. Mitarbeiterinnen das Zimmer eines autistischen Bewohners komplett leerräumen mussten, damit dieser aufhörte, die Gegenstände darin zu zerstören und endlich zur Ruhe kommen konnte.

Dies mag ein drastisches Beispiel sein, ebenso wie die geschilderten sehr extremen Verhaltensweisen. Dennoch treten solche Situationen gerade im Bereich Autismus immer wieder auf und es kann für Mitarbeiterinnen – selbst, wenn sie selbst kein direktes Ziel von Angriffen sind – belastend sein, regelmäßig zu erleben wie sich die Schützlinge stark verletzen und Schmerzen zufügen.

Tab. 3.3: Ressourcen und Herausforderungen des Kontextes Wohnen

Ressourcen des Kontextes Wohnen für den Bereich Autismus	Herausforderungen des Kontextes Wohnen für den Bereich Autismus
eigenständiges Leben unabhängig von der Ursprungsfamilie möglich	Eigenständigkeit kann überfordern, wenig Erfahrungen bezüglich Selbstorganisation
viele Lernmöglichkeiten in der Interaktion mit anderen Mitbewohnern	bei gänzlich autismusspezifischer Ausrichtung ist nur Interaktion mit den Betreuenden möglich
viele neue Erfahrungen, die in anderen Kontexten nicht möglich	viel selbst entscheiden, kann überfordernd erlebt werden
unterschiedliche Formen und Intensität von Betreuung möglich	hohe Reizdichte durch Geräuschpegel und Bewegung
Entlastung der Eltern	Konflikte mit anderen Mitbewohnern und Betreuern

Mitarbeiterinnen, die entsprechende Situationen erleben, benötigen in der Beratung eine besondere Unterstützung, das Erlebte reflektieren und diese belastenden Erfahrungen bearbeiten zu können. In der Beratung ist es also wichtig, diesen Kontext als eine weitere »mögliche Realität« zu kennen und anzunehmen (▶ Tab. 3.3).

3.4 Autismus in Förder- und Beratungsstellen

In Deutschland gibt es viele Förder- und Beratungsstellen, die Unterstützung für Menschen mit Autismus und deren Familien anbieten. Die ersten Beratungsstellen wurden in den 1970er Jahren durch Elterninitiativen gegründet – die meisten davon bestehen heute noch. Die Arbeit in den Beratungsstellen hat sich im Laufe der Jahre stark professionalisiert.

Die methodische Ausrichtung der Förderstellen ist unterschiedlich. Schwerpunkte bilden hier pädagogische und verhaltenstherapeutische Angebote. Es wird eine Auswahl unterschiedlicher spezifischer Fördermethoden angewandt, die seit den 1970er Jahren in den USA und anderen Ländern entwickelt wurden. Systemische Angebote sind zum Teil in der Beratungsarbeit mit den Familien und weiteren beteiligten Institutionen integriert.

Die Kontaktaufnahme zu den Beratungsstellen läuft über Erstberatungen, im Rahmen derer die Leitung der Förderstelle die generelle Arbeitsweise darstellt und die Eltern beschreiben, welche Unterstützung sie sich wünschen. Die Teilnahme der Kinder und Jugendlichen mit Autismus an diesen Gesprächen wird unterschiedlich gehandhabt. Ausschlaggebend ist eine mögliche Belastung für die Betroffenen durch ein solches Gespräch. Eine Möglichkeit ist auch, die Kinder und Jugendlichen selbst entscheiden zu lassen, ob sie eine Teilnahme wünschen. Grundsätzlich kann die Antragstellung der Eltern auf eine autismusspezifische Förderung auch ohne vorherige Teilnahme der Kinder an dem Gespräch erfolgen.

Grundlage einer Kostenübernahme für eine entsprechende Förderung ist die Antragstellung der Eltern bei den Trägern – i. d. R. der Jugendhilfe. Nach erfolgter Kostenübernahme werden Förderpläne erstellt sowie die Ziele und die jeweiligen Methoden festgehalten. Nach Ablauf der Bewilligungszeiträume von sechs oder zwölf Monaten, werden Entwicklungsberichte verfasst, die als Zuarbeit für die entsprechenden Hilfeplangespräche bei den Kostenträgern dienen. Je nach Verlauf können die Förderungen zwischen zwei und ca. fünf Jahren dauern.

Die Bearbeitungspraxis in den unterschiedlichen Ämtern variiert häufig stark. Eine Förderung kann innerhalb weniger Wochen bewilligt werden oder sich über mehrere Monate hinziehen. Lange Wartezeiten bei den etablierten Trägern erschweren einen Zugang zur entsprechenden Hilfe zusätzlich.

Mit dem Erreichen des 18. Lebensjahres der Klienten wird eine Finanzierung der Förderung insgesamt schwieriger, da die entsprechenden Personen nun nicht mehr durch die Jugendhilfe betreut werden.

Angebote in Förder- und Beratungsstellen

Das Angebot der Förderstellen umfasst oft auch Fortbildungsangebote und Fachberatung für verschiedene Einrichtungen, die mit dem Thema Autismus in Berührung kommen. Die Altersstruktur der Klientinnen in den Förderungen liegt i. d. R. zwischen 3 und 18 Jahren. Die Finanzierung durch das Jugendamt ist nach Antragstellung möglich.

Viele Förderstellen bieten sowohl Einzel- als auch Gruppenförderungen an. Je nach Konzept kommen in den Gruppenförderungen zwischen vier und sechs Kindern und Jugendliche zusammen. Diese Gruppen werden nach unterschiedlichen Aspekten zusammengestellt. Eine gewisse »Homogenität« bezüglich grundlegender Fähigkeiten, wie beispielsweise Lesen oder verbaler Fähigkeiten, und nicht zuletzt hinsichtlich des Alters, ist üblich.

Personelle Situation

Erfahrungen im Autismus-Bereich werden durch die Träger von Förder- und Beratungsstellen in ihren Stellenausschreibungen häufig gewünscht, in der Realität sind diese aber nicht immer vorauszusetzen. Folglich werden auch Mitarbeiterinnen ohne spezifische Vorkenntnisse eingestellt und dann sukzessive durch ihre Arbeitgeber darin unterstützt, sich weiter zu spezialisieren und sich die erforderlichen Kenntnisse anzueignen.

Mitarbeiterinnen, die bereits Erfahrungen auf dem Gebiet Autismus mitbringen, haben diese häufig durch Praktika während ihrer Studienzeit in spezifischen Einrichtungen sammeln können, waren u. U. als Einzelfallhelferinnen tätig. Oder sie verfassten ihre Abschlussarbeit zum Thema Autismus.

Auch durch das breite Angebot an Förder- und Beratungsstellen und die unterschiedlichen Hintergründe der Mitarbeiterinnen, variiert der Grad der Erfahrung mit Autismus innerhalb der meisten Teams oftmals erheblich.

Je nach Angebot arbeiten in Förder- und Beratungsstellen multiprofessionelle Teams, deren Mitarbeiterinnen ein Hochschulstudium in den Bereichen Pädagogik, Sonderpädagogik, Sozialpädagogik, Soziale Arbeit, Psychologie, Heilpädagogik, oder Reha-Psychologie, bzw. -Pädagogik. abgeschlossen haben.

In Deutschland gibt es keine grundlegende Ausbildung oder ein Studium, die auf die Arbeit im Bereich Autismus spezifisch vorbereiten. Träger von Förder- und Beratungsstellen bilden ihre Mitarbeitenden in der Regel parallel bzw. berufsbegleitend zu ihrer Arbeit in den Teams weiter. Einige Träger beauftragen Expertinnen, um ihre Teams weiterzubilden, andere schicken ihre Fachkräfte bundesweit zu themenspezifischen Fort- und Weiterbildungen.

Fort- und Weiterbildungen zu relevanten Themen im Bereich Autismus werden in unterschiedlichem Umfang und mit verschiedenartigen Ansätzen (z. B. therapeutisch oder pädagogisch) angeboten. »Autismus Deutschland« bietet deutschlandweit Fortbildungen zum Thema Autismus zu verschiedenen Schwerpunktthemen an (▶ Online-Zusatzmaterial: https://dl.kohlhammer.de/978-3-17-034242-2).

Typische Themen in der Beratungsarbeit

- Eigenverantwortung in Bezug auf Arbeitsorganisation
  - Passung von »Soll« an Förderungen und »Haben« von wöchentlicher Arbeitszeit
  - Zeiten für Vor- und Nachbereitung
  - Koordination unterschiedlicher Aufgaben aus Förderung und Beratung
- Work-Life-Balance
  - Trennung von Freizeit und Beruf
  - Sorge um eigenen Energiehaushalt
  - Psychohygiene
- »Methodisches Vorgehen/Konzept
  - inhaltliche Standards
  - »eine Methode« oder Kombination verschiedener Ansätze
  - Passung von »Anspruch« und »Realität« in der Förderung
  - strukturelle Standards in der Förderung-Förderplanung, Entwicklungsberichte
- Umgang mit herausfordernden Verhaltensweisen
  - aggressive Verhaltensweisen der autistischen Klienten
  - aggressive Verhaltensweisen gegenüber den Mitarbeitenden
  - krisenhafte Verläufe in den Förderungen
  - unzufriedene, hoch belastete Eltern
- Kooperation mit Eltern
  - Uneinigkeit über das Vorgehen in der Förderung und in der Schwerpunktsetzung
  - fehlende Kooperation von Seiten der Eltern
  - Inhalte der Förderung werden nicht in den Alltag übertragen
- Kooperation mit weiteren Institutionen wie Schulen oder Kostenträgern
  - Schwierigkeiten in der Erreichbarkeit
  - Abstimmung bezüglich der Ziele

Besondere Situation in Förder- und Beratungsstellen

Die Arbeit in den Förderstellen kann verantwortungsvoll und anspruchsvoll sein. Die Art dieser Arbeit bringt mit sich, dass die Mitarbeiterinnen mit sehr unterschiedlichen Situationen und Anforderungen konfrontiert werden. Entsprechend hoch ist der Anspruch an die *Abstimmungsfähigkeit* der Mitarbeiterinnen. Sie müssen die Bedürfnisse ihrer Klienten, die Wünsche deren Eltern und z.B. die aktuelle Situation in der Schule vor Augen haben, um ihr eigenes Vorgehen darauf abstimmen.

Die Mitarbeiterinnen müssen Informationen aufnehmen, Probleme wahrnehmen sowie stets die eigene Auftragsklärung bzw. das Förderziel im Blick zu haben – dies alles im Kontext ihrer Fachkompetenz und im Rahmen der Zusammenarbeit mit allen Beteiligten (z. B. Jugendämter, Schule, Elternhaus etc.).

In einigen Fällen kann auch ein gewisser Druck entstehen, wenn Eltern beispielsweise beschreiben, mit bestimmten Verhaltensweisen ihrer Kinder nicht mehr zurechtzukommen oder wenn die Lehrerinnen ankündigen, dass die Beschulung eines Kindes mit Autismus gefährdet ist, sofern Störungen im Unterricht weiter bestehen bleiben. Die Mitarbeiterinnen erhalten auf diese Weise neben ihren selbst erarbeiteten Schwerpunkten in der Förderung weitere Aufträge aus dem Umfeld dazu.

Viele Eltern sind froh, endlich die »richtige Ansprechpartnerin« gefunden zu haben, die sich mit dem Thema Autismus gut auskennt und ihre Situation versteht. Entsprechend hoch sind die Erwartungen an die Arbeitsergebnisse dieser Mitarbeiterinnen.

Insbesondere, wenn Förderungen lange Wartezeiten für die Familien vorangegangen sind, kann dadurch entstandene Frustration ebenso wie die gerade beschriebene hohe bzw. divergierende Erwartungshaltung großen »Veränderungsdruck« verursachen, den die Mitarbeiterinnen dann zu spüren bekommen.

Strukturelle Überlegungen

In der Beratungspraxis zeigt sich, dass der Bedarf an autismusspezifischer Förderung insgesamt höher ist als die vorhandenen Kapazitäten bei unterschiedlichen Trägern, sodass diese häufig »Wartelisten« führen.

Nicht selten erhalten Eltern zunächst aufgrund langer Bearbeitungszeiten gar keine Reaktion auf Ihren Förderantrag oder aber der Zugang zu direkter und bedarfsgerechter Hilfe ist – trotz bereits erfolgter Kostenzusage – aufgrund der hohen Nachfrage erschwert und mit Wartezeiten verbunden.

»Wartelisten« stellen Förder- und Beratungsstellen vor große Herausforderungen. Manches Mal erhalten besonders dringliche Fälle Vorrang oder Klienten, die von dem jeweiligen Konzept besonders profitieren, werden bei der Platzvergabe bevorzugt. Unter ethischen Gesichtspunkten ist fast unmöglich, die Bedürftigkeit der jeweiligen Familie objektiv zu beurteilen und gegeneinander abzuwägen. Auf der anderen Seite muss sichergestellt werden, dass die Belastbarkeit bei den Mitarbeiterinnen nicht durch zu viele Förderungen mit krisenhaften Verläufen und besonderen Bedarfen überbeansprucht werden. Viele Förder- und Beratungsstellen arbeiten bereits am Rande ihrer (räumlichen und personellen) Ressourcen, sodass eine Erweiterung ihrer Angebote nicht immer möglich und auf Dauer auch nicht sinnvoll wäre (▶ Tab. 3.4). Wünschenswert und notwendig wäre daher vielerorts die Einrichtung weiterer hochwertiger Förderangebote.

Einige Mitarbeiterinnen bleiben viele Jahre im Autismus-Bereich, andere wechseln ihr Tätigkeitsfeld. Nicht nur durch den zunehmenden Fachkräftemangel ist es für die Unternehmen wichtig, ihre Fluktuation zu begrenzen und erfahrene Mitarbeiterinnen zu halten. Die Grundbedingungen bezüglich des Gehaltes können nicht immer verändert werden. Trotzdem können die Arbeitgeber die Zufriedenheit der Mitarbeiterinnen durch verschiedene Möglichkeiten fördern und Fluktuation entgegenwirken.

Ein wichtiger Faktor stellen z. B. die »Qualitätssicherung der Angebote« und Angebote für die Mitarbeitenden wie »Supervision« oder »Fachberatung« dar

(▶ Kap. 7.2 und ▶ Kap. 7.5). Supervision kann hier einen positiven Einfluss ausüben auf die Arbeitszufriedenheit im Bereich »Förderung« und als konkrete Maßnahme der Gesunderhaltung der Mitarbeiterinnen und der Qualitätssicherung dienen.

Aufstiegschancen für Mitarbeiterinnen in den Förderstellen sind insgesamt auf die eventuelle Übernahme einer stellvertretenden Leitungsfunktion oder Leitungsverantwortung i. d. R. begrenzt. Um die Mitarbeiterinnen langfristig an die Arbeitsstelle binden zu können, muss folglich auf anderer Ebene »Mehrwert« erlebt werden können.

Stabilisierende Faktoren in Förderstellen:

- Eigene Personalentwicklungsangebote und/oder Finanzierung von Fortbildung
- Übernahme zusätzlicher Aufgaben (z. B. im Rahmen von Fortbildungsangeboten, die die Stelle anbietet)
- regelmäßige Teamsupervision
- Teamklausuren
- Wertschätzung in Form von Teamaktivitäten oder Weihnachtsfeiern
- insgesamt gutes Arbeitsklima und unterstützende Haltung im Team
- regelmäßige Mitarbeitergespräche (ggf. mit vorheriger Hospitation seitens der Leitung), wertschätzendes und konstruktives Feedback
- Mitgestaltung
    - regelmäßige Mitarbeiterbefragungen zur aktuellen Arbeitsbelastung
    - Einbringen eigener Ideen bei der Gestaltung der Angebote
    - Einrichtung eines Betriebsrates

Tab. 3.4: Ressourcen und Herausforderungen des Kontextes Förderung

Ressourcen des Kontextes Förderung für den Bereich Autismus	Herausforderungen des Kontextes Förderung für den Bereich Autismus
individuelle Ausrichtung passend zu den entsprechenden Unterstützungsbedarfen	methodisches Vorgehen passt nicht zum individuellen Bedarf und den eigenen Wünschen des Klienten
Einbezug des gesamten Umfeldes möglich	Probleme im Umfeld bleiben unverändert
positive Beziehungserfahrungen mit Therapeutinnen möglich	Beziehung zu Therapeutinnen als Alternative zu »wirklichen« Freunden
Entlastung der Eltern	Eltern werden zusätzlich belastet durch Implementierung methodischer Interventionen Zuhause

4 Autismusspezifische Förderung

4.1 Finanzierung und methodisches Vorgehen in Förderstellen

Bezüglich des Einsatzes unterschiedlicher Förderansätze, ist es aktuell so, dass Förderstellen in ihren Angeboten verschiedene Schwerpunkte setzen. Die Förderung erfolgt folglich nicht standardisiert und wird je nach Beratungsstelle mit diversen Inhalten gefüllt.

Nach Klärung der Finanzierung werden zu Beginn einer Förderung Gespräche im Jugendamt geführt, bei denen erste Ziele und verschiedene Förderschwerpunkte – in Abhängigkeit der vorliegenden meist autismusspezifischen Probleme – vereinbart werden (▶ Kap. 2.1, ▶ Kap. 4.1, ▶ Kap. 4.3). In einigen Fällen werden zusätzliche wichtige Bereiche und Ziele herausgearbeitet und festgelegt – beispielsweise in Bezug auf eine Unterstützung der Eltern oder der Förderung bestimmter schulischer Fähigkeiten (▶ Kap. 4.2).

In diesen ersten Wochen der Förderung sammeln die Therapeutinnen in ihrer Arbeit mit den Klienten und deren Bezugspersonen viele Informationen über die Fähigkeiten der Klienten, über die Situation zuhause, in der Kita oder Schule. Diese Informationen fließen in den »Förderplan« ein, der ungefähr vier bis sechs Wochen nach Beginn der Förderung erstellt wird. Dieser Plan wird mit den Eltern der Klienten abgestimmt, bevor er an den zuständigen Kostenträger weitergeleitet wird.

Entsprechend der Zeiträume der Kostenübernahmen, erstellen die Therapeutinnen nach sechs oder zwölf Monaten einen »Entwicklungsbericht«, der über aktuelle Entwicklungen und erreichte Ziele informiert. Zu diesem Zeitpunkt laden die Kostenträger zu einem Hilfeplangespräch ein, bei dem mit den Eltern, teilweise auch mit den Klienten selbst und den Therapeutinnen diese Berichte besprochen werden. Es wird abgewogen, ob und in welchem Umfang die Förderung weitergehen soll. Die Form der Berichte in Bezug auf Inhalte und Umfang von »Förderplänen« und »Entwicklungsberichten« entwickeln die Förderstellen nach eigenen Vorgaben und stimmen sie mit den Mitarbeiterinnen der Kostenträger weiter ab. Standardisierte Vorgaben von Seiten des Jugendamtes gibt es hier erfahrungsgemäß nicht.

Die Frage, wie bestimmte Ziele erreicht werden, werden in den »Förderplänen« und »Entwicklungsberichten« beantwortet ebenso wie die Methoden, mit denen in den Förderungen gearbeitet wird, daraus hervorgehen. In einigen Verläufen zeigt sich in der Förderung, dass bestimmte Ziele nach und nach abgearbeitet werden können. Bei anderen Verläufen ändern sich die Ziele/Methoden der Förderung und werden entsprechend angepasst.

Bei der Evaluierung der Angebote gehen die Förderstellen unterschiedlich vor. Neben der bereits beschriebenen Evaluierung der Förderung durch die Berichterstattung an die Jugendämter, führen einige Förderstellen z. B. zusätzliche Befragungen der Eltern durch, im Hinblick darauf, wie diese die Arbeit in den Förderstellen erleben und beurteilen.

4.2 Auswahl unterschiedlicher Methoden

Seit den 1970er Jahren wurden unterschiedliche Methoden für den Bereich Autismus entwickelt.

Kontakt- und Beziehungsorientierte Ansätze

Die Kontakt- und Beziehungsorientierten Ansätze, die teilweise auch als »Nondirektive Verfahren« (Gundelfinger, zit. in Bölte, 2015, S. 370ff) und »Verfahren, die eher »spieltherapeutische Konzepte umsetzen« (Bölte, 2015, S. 370) bezeichnet werden, sind schwer zu definieren und zusammenzufassen. Es handelt sich um eine Vielzahl unterschiedlicher Methoden, die einige Gemeinsamkeiten hinsichtlich ihrer Idee von Autismus und ihrer Vorgehensweise aufweisen, die sich aber teilweise auch deutlich voneinander unterscheiden.

Im Einzelnen können u. a. folgende Methoden zu dieser Gruppe gezählt werden:

- AIT (Aufmerksamkeits-Interaktion-Therapie) nach Helmut Hartmann
- RDI® (Relationship Development Intervention) nach Steven Gutstein
- Floortime nach Stanley Greenspan

In der Kontakt- und Beziehungsorientierten Arbeit wird der Schwerpunkt in der Autismus-Therapie auf die Interaktion zwischen den Menschen mit Autismus und den Therapeutinnen gelegt.

In Abhängigkeit des jeweiligen Ansatzes wird nach unterschiedlichen Modellen gearbeitet, die auch Erkenntnisse aus der Entwicklungspsychologie berücksichtigen.

Für die Arbeit im Bereich Autismus ist die Entwicklung von Kontaktverhalten besonders bedeutsam. Häufig werden in besagten Modellen Phasen von »selbstbezogenem Verhalten« hin zu mehr »Gegenseitigkeit« und »Interaktion« zugrunde gelegt. Kinder mit einem neurotypischen Entwicklungslauf beschäftigen sich üblicherweise zunächst alleine und parallel zu anderen mit bestimmten Dingen.

Im Laufe der Entwicklung wird das Abwechseln in Spielen und die gemeinsame Beschäftigung demselben Spiel zunehmend interessanter.

In der Arbeit nach Methoden wie AIT und RDI werden Menschen mit Autismus in ihrer Entwicklung als verzögert betrachtet. Grundsätzlich wird bei Ihnen jedoch das gleiche Entwicklungspotenzial vermutet wie bei anderen Menschen. Das Ziel von RDI lautet daher: »Ihnen soll eine zweite Entwicklungschance gegeben werden, dynamische Intelligenz zu erwerben« (Gonzáles, Grütter & Mc Tigue, zit. in Bölte, 2015, S. 297).

Beziehungsorientierte Ansätze bieten eine breite Spanne von möglichen Diagnostikinstrumenten und Vorgehensweisen. Das Tempo in der Förderung wird sehr stark von den Klienten bestimmt. Impulse der Klienten werden durch die Therapeutinnen wahrgenommen und aufgenommen, um diese dann entsprechend zu variieren und zu stärken.

Dieses Vorgehen kann gerade bei Beginn einer Förderung in der Arbeit mit Kindern und Jugendlichen mit Autismus, die sehr schwer beeinträchtigt sind, eine wichtige erste Möglichkeit darstellen, überhaupt eine Arbeitsbeziehung aufzubauen und ein Kontaktangebot an den Klienten zu senden, das dieser im wahrsten Sinne »aufgreifen« kann.

Ein Mädchen mit Autismus und starker geistiger Beeinträchtigung sitzt im Rahmen ihrer ersten Förderstunde im Therapieraum auf dem Boden und dreht Metallkugeln. Sie ist augenscheinlich stark fasziniert von den Lichtreflexen, die sich auf den Kugeln zeigen. Das Mädchen ist sehr versunken in diese Tätigkeit und beachtet den Therapeuten überhaupt nicht. Der Therapeut nimmt sich auch eine Kugel, setzt sich neben die Klientin und dreht genau diese genau wie das Mädchen. Die Klientin nimmt sofort Kontakt auf zum Therapeuten und umarmt diesen.

Die Gestaltung von Kontakt ist für Menschen mit Autismus i. d. R. eine große Herausforderung. Auch, weil ihre Verhaltensweisen für andere Menschen schwer zu begreifen sind und wenig Möglichkeit des gemeinsamen Handelns bieten. Kontakt überhaupt erst einmal herzustellen und somit Möglichkeiten für eine weitere Gestaltung zu schaffen, kann auf Seiten der Therapeutin immer wieder Kreativität fordern.

Verhaltenstherapeutische Ansätze

Zur Gruppe der Verhaltenstherapeutischen Ansätze gehören unter anderen Methoden der Angewandten Verhaltensanalyse (ABA/AVT: Applied Behaviour Anlaysis/Angewandte Verhaltenstherapie).

Verhaltenstherapeutischen Ansätzen setzen typischerweise bei den jeweiligen Handlungen und Verhaltensweisen der betroffenen Menschen mit Autismus an. Grundlegend für diese Therapierichtung ist die Auffassung aus der Lerntheorie, dass problematische Verhaltensweisen erlernt wurden und entsprechend auch wieder »verlernt« werden können zugunsten neuer und angemessenerer Verhaltensweisen (zur vertieften Lektüre vgl. auch Bernard-Opitz & Nikopoulos, 2016).

In dieser Art der Therapie werden Verhaltensweisen in der Förderung beobachtet und dann je nach unterschiedlichem Entwicklungsgebiet entsprechend vorhandener, teilweise vorhandener oder nicht vorhandener Fähigkeiten analysiert. Danach werden sehr konkrete Pläne und Übungen erarbeitet, mit deren Hilfe »hinderliche Verhaltensweisen« (oder z. B. selbstgefährdenden/selbstschädigendes Verhalten) geändert werden und/oder neue Verhaltensweisen hinzugelernt werden können.

> Ein kleiner Junge mit Autismus interessiert sich sehr für Lichtschalter. Wenn er nicht daran gehindert wird, steht er mehrere Stunden an dem Schalter und betätigt ihn. Neben der Freude an dieser Aktivität lässt sich bei ihm eine gesteigerte Aufregung beobachten, die weiter zunimmt, je länger er sich mit dem Lichtschalter beschäftigt. Dieses Verhalten ist in der Kita, Zuhause und in der Förderung schon seit längerer Zeit Thema. Alternative Angebote, sich mit einer anderen Tätigkeit zu beschäftigen, lehnt er generell ab. Der Therapeut entschließt sich, den Lichtschalter mit einer weißen Folie abzukleben und den Jungen regelmäßig an einen Tisch im Raum zu holen, um ihm eine andere Aktivität anzubieten. Das Problem mit dem stereotypen Handeln bleibt insgesamt erhalten. Der Junge findet aber andere Dinge, die ihn interessieren wie beispielsweise die Bänder der Gardinen im Förderraum. Mit diesen Bändern dreht er ausdauernd vor seinen Augen. Nach und nach gelingt es dem Therapeuten die gemeinsamen Situationen am Tisch zu erweitern und interessante Aktivitäten und Materialien zu finden wie eine Murmelbahn oder einen großen Spiegel.

TEACCH®

TEACCH ist die Abkürzung für *T*reatment and *E*ducation of *A*utistic and related *C*ommunication handicapped *Ch*ildren und bezeichnet ein Förderprogramm aus North Carolina/USA, welches 1972 ins Leben gerufen wurde und an der Division TEACCH der University of North Carolina in Chapel Hill beheimatet ist.

Die Arbeit entsprechend des TEACCH-Ansatzes zielt darauf ab, »die Lebensqualität von Personen mit einer Autismus-Spektrum-Störung und die ihrer Familie zu erhöhen.« (Häußler, 2016, S. 15)

Für die Erstellung individueller Hilfsmittel werden die Wahrnehmungsbesonderheiten von Menschen mit Autismus berücksichtigt. Ausgehend von förderdiagnostischen Beobachtungen in Bezug auf bereits erlernte und teilweise gekonnte Fähigkeiten werden Hilfen entwickelt, die den jeweiligen Menschen im Autismus-Spektrum befähigen, bestimmte Herausforderungen zu bewältigen. Bei der Gestaltung dieser Hilfen spielen »Visualisierung« und »Strukturierung« eine wichtige Rolle.

Die Förderung nach TEACCH findet auf insgesamt vier Ebenen statt. Zu jeder dieser Ebenen gehören bestimmte Fragen, die möglichst konkret beantwortet werden in der vorgeschalteten Planung und während der Durchführung der Förderung.

1. *Die Ebene der Zeit*
   Wie lange dauert eine Tätigkeit?
   Wann bin ich fertig?
2. *Die Ebene der Handlung*
   Was ist zu tun?
   In welcher Reihenfolge ist etwas zu tun?
3. *Die Ebene des Raums*
   Wo findet welche Tätigkeit statt?
   Wo gehe ich hin, wenn ich fertig bin?
4. *Die Ebene des Materials*
   Wann bin ich mit einer Aufgabe fertig?
   Welches Material soll ich als nächstes nehmen?
   Wie kann ich erfolgreich handeln?

Die Arbeit nach dem TEACCH-Ansatz basiert auf einem zwei-Säulen-Prinzip. Die eine Säule steht für die individuelle Förderung des Menschen mit Autismus, die andere Säule für die konkrete Anpassung der Umwelt entsprechend des Bedarfs dieses Menschen. So könnte in einer Förderung eines Jungen im Autismus-Spektrum beispielsweise das Thema »Jacke selbstständig anziehen« einerseits durch die Förderung der motorischen Fähigkeiten unterstützt werden, indem der Junge übt, Druckknöpfe zu schließen oder indem ihm eine andere Tätigkeit angeboten wird, die das ähnliche Motorik-fördernde Ziel verfolgt (Säule 1). Ist der Junge bei dieser Tätigkeit abgelenkt durch beispielsweise ein Bild an der Wand oder einen bestimmten Gegenstand in einem Regal, wird das Bild abgehängt, der Gegenstand weggestellt oder ein Tuch vor das Regal gehängt. Zudem könnten auch leichter schließbare Druckknöpfe oder Druckknöpfe mit einer Abbildung des Lieblingstiers angeboten werden (Säule 2).

Die Umsetzungen der Unterstützung nach TEACCH sind sehr divers und ganzheitlich ausgerichtet. Sie beziehen alle Bereiche der Entwicklung mit ein. Menschen mit Autismus werden in der Arbeit nach TEACCH unterstützt, Erklärungen zu bekommen, die sie verstehen und sie darin zu unterstützen zu begreifen, wie sie selber erfolgreich Herausforderungen meistern können. Ein weiterer wichtiger Aspekt dieser Arbeit besteht darin, dass Menschen mit Autismus signalisiert wird, dass ihre Umwelt versteht, was besonders ist bei ihnen und Überforderungen vermeidet.

> Ein Schüler bringt regelmäßig seine gesamten Schulunterlagen mit in die Schule – Bücher, Hefter, Schreibhefte, Hausaufgabenheft, etc. Er tut dies, da ihm das Sortieren zuhause Schwierigkeiten bereitet. Er vergisst immer wieder, wie sein Stundenplan aufgebaut ist und packt daher aus Sorge, er könne etwas vergessen, einfach alles ein. Seine tägliche »Last« des Schulranzens ist folglich groß. In der Förderung fertigt der Therapeut mit ihm eine »Checkliste« an,

die Informationen bereithält, welche Materialien für welches Unterrichtsfach relevant sind. Anhand dieser Checkliste orientiert sich der Klient am Abend vor dem nächsten Schultag und packt entsprechend seines Stundenplans alle relevanten Schulmaterialien ein. Die nicht benötigten Materialien bleiben zuhause.

PECS

PECS steht für *Picture Exchange Communication System* und unterstützt die eigenmotivierte Kommunikation bei Menschen mit Autismus. »Kommunikation« (▶ Kap. 2.1) ist, einer der Hauptbereiche, in denen bei Menschen mit Autismus Schwierigkeiten auftreten können. Interaktive Kommunikation wird beispielsweise oftmals als nicht sinnvoll erlebt und aus verschiedenen Gründen nicht »automatisch« erlernt. Insbesondere wenn spontane Kommunikation auf Seiten der Personen mit Autismus gänzlich fehlt, ist es für die Bezugspersonen entsprechend schwer, einzuschätzen, welche Bedürfnisse vorherrschen, und was in ihnen vorgeht.

Andere Fördermethoden unterstützen Menschen mit Autismus in Bezug auf ihre Orientierung und ihre Selbstorganisation. Bei dem spezifischen Punkt der Kommunikation bieten sie oft nur unzureichend Ansatzpunkte. Lechmann, Diepers-Pérez, Grass & Pfeiffer schreiben hierzu: »Lori Forst und Andy Bondy haben nach einer Methode gesucht, die die Nachteile dieser bisherigen Ansätze zur Kommunikationsförderung bei Autismus überwindet.« (zit. in Bölte, 2015, S. 376)

Die Durchführung von PECS erfolgt in insgesamt sechs Phasen. Zu Beginn steht als Förderziel, dass der Menschen mit Autismus lernt, dass er etwas Schönes bekommt, wenn er eine Karte übergibt. In der Vorbereitung der Arbeit nach PECS wird genau festgehalten, was für die betreffenden Menschen interessant ist. Entsprechend kann es sich hierbei um ein Spielzeug oder aber z. B. eine Süßigkeit handeln. Indem die Bedürfnisse dieser Menschen als Ausgangspunkt für die Förderung nach PECS berücksichtigt werden, wird auch die Motivation erhöht, sich auch mit dem Thema »Kommunikation« überhaupt zu befassen.

Dies macht PECS im Verhältnis zu anderen Kommunikationsförderungen im Bereich Autismus erfolgreich.

Die sechs Phasen bei PECS

- Vorbereitung: *Verstärker/ Abwechseln*
  Sammlung von Informationen dazu, was für den diesen Menschen mit Autismus attraktiv ist
- Phase 1: *Der physische Austausch*
  Lernziel: Der Kommunikationspartnerin eine Karte geben und dafür etwas Attraktives bekommen.
- Phase 2: *Entfernung und Ausdauer*
  Lernziel: Eine Karte von einer Stelle im Raum holen, diese an die Kommunikationspartnerin übergeben und dafür etwas Attraktives erhalten.

- Phase 3: *Unterscheidung zwischen den Bildern*
  Lernziel: Unterscheidung zwischen zwei Karten und den Abbildungen darauf, gezielt eine dieser Karten auswählen und diese an die Kommunikationspartnerin übergeben.
- Phase 4: *Satzstruktur und Attribute*
  Lernziel: Einen vorformulierten Satz nutzen und mit einer Karte mit aktuellem Bedürfnis vervollständigen.
- Phase 5: *Antworten auf »Was möchtest du?«*
  Lernziel: Den vorformulierten Satz »Ich möchte...« vervollständigen mit einer Karte mit aktuellem Bedürfnis
- Phase 6: *Kommentieren*
  Lernziel: Fragen individuell beantworten und kommentieren.

Ein Junge mit Autismus, der nicht verbal kommuniziert, kommt in den Förderraum und legt sich dort in die vorbereitete Hängematte. Andere Materialien, die im Raum vorhanden sind, scheinen für ihn erst interessant, wenn der Therapeut sie ihm anreicht. Wenn er auch Freude zeigt an der Beschäftigung mit den angereichten Materialien, scheint er insgesamt eher antriebsarm und wenig interessiert an dem Erkunden neuer Aufgaben. In Absprache mit den Eltern bereitet die Therapeutin die Einführung von PECS vor. Er lernt in der Kommunikationsförderung, dass er unterschiedliche Optionen hat in der Förderung. Nach einer strukturierten Einführung am Tisch, in der er lernt, eine Karte zu übergeben und dann beispielsweise eine bestimmte Zeit in der Hängematte verbringen zu können, wird das System später flexibel im Raum eingesetzt. Mit Hilfe einer Kommunikationsmappe, in der unterschiedliche Karten für unterschiedliche Bedürfnisse aufbewahrt sind, entscheidet er sich selbstständig für unterschiedliche Bedürfnisse wie Süßigkeit oder »Spiel mit der Murmelbahn«. Er kommuniziert diese der Therapeutin, indem er ihr die entsprechende Karte überreicht.

Es ist durchaus üblich, dass die beschriebenen Methoden auch kombiniert angeboten werden in den Förderungen. Der »klassische« Rahmen für die Förderung ist zwar die Einzelförderung, jedoch werden zusätzlich auch Förderungen in Gruppen angeboten, die mehrere Kinder und Jugendliche mit Autismus besuchen. Ein Konzept hierfür stellt »SOKO Autismus« (Häußler, 2016) vor.

Weitere Strategien zur Förderung der sozialen Interaktion bieten »Social Stories« (Gray, 2001) und die ebenfalls von Carol Gray entwickelten »Comic Strip Conversations« (Gray, 1994). Über deren möglichen Nutzen schreibt Tony Attwood: »Comic Strip Gespräche ermöglichen dem Kind, die Bandbreite der Botschaften und Bedeutungen zu analysieren und zu verstehen, dass sie ein natürlicher Bestandteil eines Gespräches oder eines Spiels sind.« (Attwood, 2016, S.77).

Materialien zur Unterstützung von Jugendlichen mit Asperger-Syndrom zu Themen wie »Pubertät«, »Sexualität« und »Partnerschaft« bietet das Training »Ich bin in der Pubertät«, das ursprünglich aus den Niederlanden stammt, und in deutscher Übersetzung beim Autismusverlag in der Schweiz erschienen ist.

Die Bezugsquellen der genannten Materialien – in der deutschen Übersetzung – finden sich im in den weiterführenden Informationen im Online-Zusatzmaterial (https://dl.kohlhammer.de/978-3-17-034242-2).

4.3 Welche Methode passt zu welchem Menschen mit Autismus?

Die beschriebenen Beispiele unterschiedlicher Fördersituationen zeigen, wie divers die Menschen sind, die Unterstützung erhalten. Entsprechend wichtig ist es also auch, darauf zu achten, wie genau im Einzelfall vorgegangen wird (▶ Abb. 4.1).

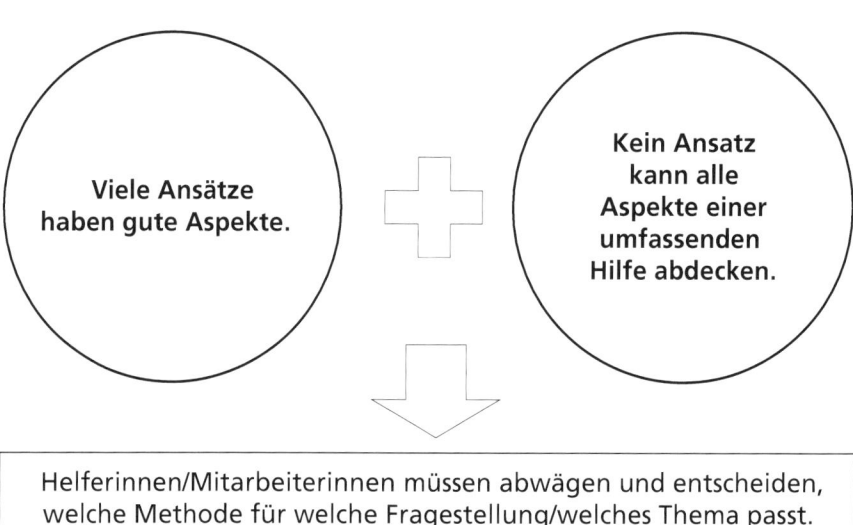

Abb. 4.1: Komplexität der Förderarbeit

Nicht alle Methoden sind nicht für jeden Menschen mit Autismus geeignet. So kann es beispielsweise wenig sinnvoll sein, einen Jugendlichen, der sich verbal gut und bedürfnisorientiert äußert, mit PECS fördern zu wollen.

Welcher Klient von welcher Methode am meisten profitiert, zeigt sich i. d. R. an den Verbesserungen bzw. Fortschritten im Lebensalltag dieser Personen.

Der Wahl einer bestimmten Methode sollte immer eine Analyse des Hilfebedarfs und eine Entscheidung bezüglich der jeweiligen Zielsetzungen vorangehen. Dabei ist es hilfreich, wenn sich die Therapeutinnen möglichst offen und mit einem »breiten Blick« auf den jeweiligen Menschen und seine individuelle Situation einlassen. Sie müssen Informationen sammeln zum aktuellen Stand bezüglich der Selbstständigkeitsentwicklung, der sozialen Integration und zum Umgang mit Anforderungen im Allgemeinen. Auch weitere Kontexte wie Kindertagesstätte, Schule oder Wohnheim sollten hierbei involviert werden, um ein möglichst umfassendes Bild der aktuellen Situation zu bekommen.

Das spätere therapeutische Handeln sollte an diesen erfassten Informationen ausgerichtet werden. Bei der Förderplanung gilt es darüber hinaus, die Grenzen der eigenen Möglichkeiten im Blick zu behalten und abzuwägen, ob die Zusammenarbeit mit weiteren Fachleuten – wie beispielsweise aus den Bereichen Logopädie und Ergotherapie – an einigen Stellen sinnvoll und erfolgsversprechend sein könnte.

4.4 Evaluierung der Förderung

Die Frage danach, was eine Förderung bringen kann, ist wichtig. Eine Therapeutin betreibt eine Evaluierung ihrer Arbeit standardmäßig, wenn sie einen Entwicklungsbericht schreibt und zusammenträgt, was sich in den letzten Monaten getan hat.

Das Thema der »Nachweisbarkeit« der Förderarbeit ist auch für weitere Kontexte relevant, in denen Menschen mit Autismus begleitet und gefördert werden (▶ Kap. 3.1, ▶ Kap. 3.2, ▶ Kap. 3.3, ▶ Kap. 3.4). Auch für eine Mitarbeiterin des Jugendamtes ist es wichtig, zu wissen, welche Erfolge durch eine Förderung erzielt wurden, damit sie diese prüfen kann und bei womöglich »knappen Kassen« auch ihren Vorgesetzten gegenüber rechtfertigen und weiter bewilligen kann.

»Wirksamkeit« ist also bedeutsam in Bezug auf die Arbeit in der Förderung. Die Feststellung dieser Wirksamkeit, ist jedoch nicht immer ganz einfach. Im Idealfall ist ein »evidenzbasiertes« Vorgehen möglich.

> »Unter evidenzbasierter Medizin (Psychologie, Pädagogik etc.) werden entsprechend alle Maßnahmen zusammengefasst, für welche ausreichend datengestützte Hinweise der Wirksamkeit vorliegen. Diese sind abzugrenzen von solchen Maßnahmen, die allein aufgrund anderer Entscheidungsgrundlagen zur Anwendung kommen, vor allem persönliche Überzeugungen, Erfahrungen und Annahmen, Theorien oder Traditionen.« (Bölte, 2015, S. 221)

Nicht alle Fördermethoden bieten allerdings die Grundlage für eine solch »wasserdichte« wissenschaftliche Überprüfung. Dazu passend schreibt Häußler:

»In den USA wurde der TEACCH Ansatz im April 2015 als ›nachgewiesene und effektive Behandlung‹ mit etablierter (mittlerer) Evidenz eingestuft (Treatment Advisory Committee des Wisconsin Department of Health Services). Dass der TEACCH Ansatz nicht die höchste Stufe der ›wissenschaftlichen Nachweisbarkeit‹ erreicht, liegt daran, dass sich mithilfe kontrollierter Studien die Komplexität eines umfassenden Behandlungsansatzes wie TEACCH nicht erfassen lässt.« (Häußler, 2016, S. 23)

Sie beschreibt weiter, dass dies mit der hohen Diversität der Umsetzung dieser Arbeit zu tun hat. Die Förderung nach TEACCH für einen nicht verbalen, konkret lernenden autistischen Schüler ist nicht zu vergleichen mit der Förderung eines autistischen Familienvaters, der einem gut bezahlten Job nachgeht. Hinzu kommt auch, dass TEACCH – wie auch PECS – methodenübergreifend ausgerichtet ist, und somit weitere Wirkfaktoren hinzukommen können, die mit den Methoden anderer Ansätze zusammenhängen.

Im Hinblick auf die Überprüfung der Förderarbeit muss also sowohl ihre strukturellen Begebenheiten als auch die Diversität der dort geförderten Menschen, berücksichtigt werden.

Eine größere Eindeutigkeit könnte möglicherweise durch eine bessere Vergleichbarkeit erreicht werden. Hierzu müsste die Gruppe der Klienten einer Förder- und Beratungsstelle allerdings verkleinert und präziser definiert werden sowie ein standardisiertes, trainingsähnliches Förderprogramm durchlaufen – inklusive Auswertung von Verlaufsbeobachtungen und Ergebnissen. Entsprechende Settings werden häufig in Kliniken angeboten, passen allerdings nicht unbedingt zum Selbstverständnis und den strukturellen Begebenheiten der meisten Förderstellen.

Bezüglich des methodischen Vorgehens gibt es Unterschiede zwischen den Förderstellen. Einige arbeiten mit non-direktiven Ansätzen, andere mit Interventionen der ABA/AVT, wieder andere schwerpunktmäßig nach TEACCH. Viele Förderstellen arbeiten methodenübergreifend. Auch diese Situation hat direkten Einfluss auf das Thema »Auswertung«. Für jede Methode gelten u. U. andere Kriterien als »Erfolgskriterien«, bestimmt durch unterschiedliche Zielsetzungen.

Für die Kombination unterschiedlicher Methoden innerhalb einer Förderung, spricht das, was Bernard-Opitz zum Thema »Evidenz« schreibt: »Klinische Erfahrung und Forschungsergebnisse haben allerdings gezeigt, dass keine der obigen Methoden [verschiedene Interventionen nach ABA, Visuelle Kommunikationssysteme wie PECS] den Anspruch haben kann, die einzig richtige für alle Kinder mit ASS zu sein (Bernard-Opitz, zit. in Bölte 2015, S. 242).«

So sinnvoll und wichtig Bemühungen im Hinblick auf die Überprüfbarkeit des eigenen Vorgehens sind, dürfen diese nicht in »Angst« oder Unsicherheit münden, im Hinblick darauf, was »richtig« und was »falsch« ist. Therapeutinnen sollten immer auch auf ihr Gespür dafür achten, wovon ein Klient profitieren könnte bzw. wann eine Förderung erfolgreich verläuft und wann nicht. Das selbstverständliche, intuitiv richtige Umgehen mit Herausforderungen, das »einfach helfen« darf – auch wenn schwer überprüfbar oder festzuhalten – nicht verloren gehen.

5 Systemische Therapie

»Menschen mit Autismus machen keinen Unsinn. Gemacht wird nur, was Sinn macht. Macht etwas keinen Sinn, hat es keine Chance, gemacht zu werden.«
(Matthias Huber)

Dieses Kapitel handelt von der Entstehung der systemischen Therapie. Es werden historische Entwicklungen verschiedener besonders relevanter Richtungen beschrieben, der Krankheitsbegriff und die systemische Sicht auf Probleme erörtert. Später wird auch auf das Thema Autismus in der systemischen Therapie eingegangen.

5.1 Entstehung und unterschiedliche Richtungen

Die Entstehung der systemischen Therapie liegt in den 1950er Jahren. Waren zunächst Einzel- und Gruppensettings der »klassische« Rahmen für eine Therapie, wurde dieser Rahmen nun auch auf die Familie erweitert. Später folgte dann die Einsicht, dass Familien ebenfalls nur *ein* System darstellen und entsprechend wurde Familientherapie durch den Term »systemische Therapie« erweitert: »Schließlich ist sie [die Familie] nur *eine* Form, in der sich Menschen sozial organisieren.« (von Schlippe & Schweitzer, 2003, S. 17).

Auch wenn die familienbezogene Sichtweise typisch ist für die Arbeit in der systemischen Therapie, gibt es einen Unterschied zwischen dieser Sichtweise und den expliziten systemischen Interventionsformen.

Zudem ist die Art und Weise, wie über systemische Therapie gedacht wird, und wie diese konkret umgesetzt wird, je nach therapeutischem Setting sehr divers. Innerhalb der systemischen Therapie gibt es sehr unterschiedliche Auffassungen und Auslegungen. Arist von Schlippe und Jochen Schweitzer schreiben dazu: »Systemisches Denken ist heftig in Bewegung, ähnlich vielleicht wie unsere Zeit überhaupt.« (von Schlippe & Schweitzer 2003, S. 50).

Um zu verstehen, wie die Arbeit in der systemischen Therapie und Beratung aufgebaut ist, ist es wichtig, zu wissen, welche Einflüsse bis heute sichtbar dieser Herangehensweise zugrunde liegen. Bei der Entstehung der systemischen Therapie waren unterschiedliche Strömungen wichtig, die im Folgenden kurz umrissen werden sollen.

Mailänder Modell

Als wichtiger Einfluss bezüglich der Entwicklung der systemischen Therapie wird immer wieder das »Mailänder Modell« genannt. Zum Prinzip dieser Richtung gehört es, immer möglichst mit der gesamten Familie – also vom Kleinkind bis zu den Großeltern – zu arbeiten. Ausnahmen gelten für Eltern mit Kleinstkindern und für Angehörige mit traumatisierenden psychiatrischen Vorerfahrungen. Ansonsten »findet die erste Sitzung immer in Anwesenheit aller in einem Haushalt miteinander lebender Personen statt« (Selvini Palazzoli, Boscolo, Checchin, Prata, 2003, S.22).

Auf Seiten der Therapeutinnen ist es in der Arbeit nach dem Mailänder Modell wichtig, nicht zu sehr in die »Dynamik« dieser Familien zu geraten und in der Therapie möglichst »frei« zu agieren. Dies wurde in der ursprünglichen Form so umgesetzt, dass ein Team von mehreren Therapeutinnen mit einer Familie arbeitet, wobei sich die Therapeutinnen teilweise innerhalb einer Sitzung auch abwechselten.

Die Gespräche führten ursprünglich jeweils eine Therapeutin und ein Therapeut: »Diese Zusammensetzung[5] erlaubt es uns, in der therapeutischen Arbeit ein geschlechtlich gemischtes Paar einzusetzen; dieses wird von einem anderen Kollegenpaar, das sich im Beobachtungsraum befindet, unterstützt« (Selvini Palazzoli et al., 2003, S.20).

Das Zweier-Team, das gerade nicht direkt mit der Familie arbeitete, war über eine Einwegscheibe und über Mikrophone im Nebenraum mit dem Therapieraum und ihren Kolleginnen darin verbunden. Diese konnten die außenstehenden Kolleginnen zwischenzeitlich kontaktieren und sich abstimmen bezüglich des weiteren Vorgehens in der Familientherapie.

> »Wenn die Beobachter merken, dass die Therapeuten durch die Manöver der Familie verwirrt oder verunsichert sind, klopfen sie an die Türe und holen, je nach der Lage der Dinge, den einen oder den anderen der Therapeuten in das Beobachtungszimmer, um ihm Erklärungen und Ratschläge zu geben, die weiterführende Reaktionen auslösen können. Auch geschieht es nicht selten, dass ein Therapeut spontan herauskommt, um Hilfe zu suchen.« (Selvini Palazzoli et al., 2003, S.24).

Das beschriebene »Zwei-Kammer-System«, also die Verbindung zwischen Therapieraum und Nachbarraum, wird heute zu Ausbildungszwecken in der Weiterbildung »systemische Familientherapie« eingesetzt. Familien, die sich zu einer Therapie anmelden, werden gefragt, ob es für sie denkbar ist, dass die Therapie durch eine Gruppe weiterer Therapeutinnen im Nebenraum mitgehört und -gestaltet wird. Entscheiden sie sich für ein derartiges Vorgehen, werden die Gespräche mit den Familien von zwei Teilnehmenden der Weiterbildung geführt. Diese sind über Kamera, Ohrhörer und Mikrophon mit ihrer Lehrtherapeutin und den anderen Teilnehmenden im Nebenraum verbunden. Die Lehrtherapeutin gibt den angehenden Therapeutinnen dann Tipps und Hinweise bezüglich des weiteren Vorgehens. Die Sitzungen werden in der Regel nach ungefähr der Hälfte der

---

5 [das Forschungsteam bestand 1971 aus vier Mitgliedern: zwei weiblichen und zwei männlichen Therapeuten]

Zeit unterbrochen. Während die Familien hier eine Pause bekommen, stimmen sich die Therapeutinnen mit ihren Kolleginnen im Nebenraum hinsichtlich der nächsten Schritte ab.

Der Einfluss des Mailänder Modells ist auch über den Rahmen der Weiterbildung bis heute relevant. So gehören die Grundprinzipien, die hier entwickelt wurden wie die »Prinzipien des Hypothesierens«, der »Zirkularität« und der »Neutralität« bis heute zur »Standardausrüstung« systemischer Therapeutinnen (von Schlippe & Schweitzer, 2003).

Konkrete Interventionen, die aus der Arbeit nach dem Mailänder Modell hervorgegangen sind und bis heute gewinnbringend eingesetzt werden, sind:

- die positive Konnotation aller Verhaltensweisen
- Familienrituale
- ausgedehnte Abstände zwischen den Sitzungen
- paradoxe Verschreibungen

Lösungsorientierte Kurztherapie

In der ebenfalls einflussreichen »Lösungsorientierten Kurztherapie«, die Mitte der 1970er Jahre in den USA entwickelt wurde, geht man davon aus, dass es zwischen Problem und Lösung keinerlei Zusammenhang gibt: »Kernaussage ist die Vorstellung, es sei ein großer Irrtum der Psychotherapie, zu vermuten, daß zwischen einem Problem und seiner Lösung ein Zusammenhang bestehe.«(De Shazer zit. in. von Schlippe & Schweitzer, 2003, S. 35).

In der therapeutischen Arbeit wird vorausgesetzt, dass Ratsuchende – in diesem Fall die Familienangehörigen – immer ausreichende Möglichkeiten mitbringen, hilfreiche (erste) Schritte zu gehen – und das aus eigenem Antrieb heraus. Die Definition dazu, wie die Lösung ihrer Probleme konkret aussieht und woran die Beteiligten merken, dass sie ihr Ziel erreicht haben, erbringen ebenfalls die Ratsuchenden.

Besonders an der Arbeit nach dieser Therapieform ist, dass die Therapeutinnen viel dafür tun, dass die Arbeit bei den Ratsuchenden passiert und nicht »bei ihnen landet«.

In der Umsetzung zeichnet sich die »Lösungsorientierte Kurztherapie« – wie schon der Name vermuten lässt – dadurch aus, dass sie schnellstmöglich beendet wird.

Die lösungsorientierte Kurztherapie erfreut sich aktuell erfahrungsgemäß bei vielen Therapeutinnen großer Beliebtheit und übt eine große Faszination aus. Andererseits wird es vermutlich auch Therapeutinnen geben, die ein anderes Rollenverständnis ihrer Arbeit haben.

Konkrete Interventionen, die aus der »Lösungsorientierten Kurzzeittherapie« entstanden sind, und die aktuell zum Standard der systemischen Therapie gehören sind:

- Die Frage nach Veränderungen vor Therapiebeginn
- Die Wunderfrage
- Hausaufgaben

Reflecting Team

Das »Reflecting Team« wurde 1990 durch Tom Andersen entwickelt. Es entstand aus einer Art »Gegenbewegung« dazu, wie Familientherapie bisher gestaltet wurde. An der gängigen Art wurde bemängelt, dass es zu wenig um Kooperation gehe und von den Familienmitgliedern die Art und Weise der Therapeutinnen, wie über ihre Probleme geredet werde, als eine Art »Erniedrigung« empfunden werden könnte.

Die Idee des »Reflecting Teams« ist es, den Teilnehmenden die laut ausgesprochenen Gedanken aller Personen im Raum zur Verfügung zu stellen. Dadurch soll sich der Gedankenraum – und letztendlich auch der Lösungsraum – erweitern.

> »Es [das Reflecting Team] stellt insofern eine ›systemischer Revolution‹ dar, als es viele liebgewonnene systemische Arbeitsformen in Frage stellt wie den Einwegspiegel (und die Möglichkeit, sich dahinter zu verstecken) oder Verschreibungen und Schlussinterventionen (mit dem damit einhergehenden Nimbus von therapeutischer Allmacht).[...] Das RT – Modell sieht Therapie eher als einen Kontext der Kooperation an als von Macht« (von Schlippe & Schweitzer, 2003, S. 39).

Der »klassische« Einsatz dieser Methode sieht vor, dass zwei Stuhlkreise gebildet werden – ein Innen- und ein Außenkreis. Im Innenkreis sitzen alle »beteiligten Personen mit einem Lösungswunsch« und im Außenkreis weitere Teilnehmende (▶ Abb. 5.1).

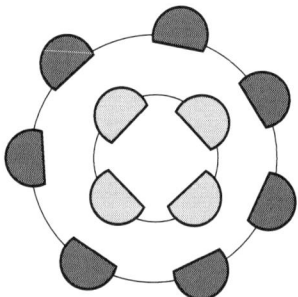

Abb. 5.1: Innen- und Außenkreis im Reflecting Team

Nachdem eine Weile im Innenkreis über das Problem geredet wurde, wird »umgeschaltet« und die Teilnehmenden des Außenkreises berichten darüber, was ihnen aufgefallen ist während des Zuhörens, welche Gedanken und Assoziationen sie hatten. Danach werden die Teilnehmenden des ursprünglichen Innenkreises gefragt, welche Impulse ihnen gekommen sind während des Zuhörens. Dieses Vorgehen kann je nach Fragestellung und Prozess mehrmals wiederholt werden.

Je nach Gruppengröße und Kontext wird das »Reflecting Team« unterschiedlich gestaltet. In einer Paartherapie mit zwei Personen, formen beispielsweise die Therapeutinnen, die in Co-Arbeit die Therapie leiten, ein Reflecting Team. In Teams wird diese Methode eingesetzt, indem sich die Mitarbeiterinnen mit einem Problem im Innenkreis durch die Supervisorin moderiert unterhalten und sich die anderen Kolleginnen, die nicht am Fall beteiligt sind, in den Außenkreis begeben.

Das Reflecting Team beachtet zudem bestimmte Gesprächsregeln: Abwertungen werden unterbunden und die Ausrichtung der Sprache gegenüber den »Problemeinbringenden« ist wertschätzend und unterstützend.

Innerhalb der systemischen Therapie hat diese Vorgehensweise bis heute einen sehr großen Einfluss und gehört zum festen »Inventar« vieler Teams im Sozialbereich. Aus der systemischen Arbeit sowohl in der Therapie als auch in der Beratung/Supervision ist sie nicht mehr wegzudenken.

Narrative Denkrichtung

In den 1990er Jahren wurde die »Narrative Denkrichtung« entwickelt. Mittelpunkt dieser Richtung ist die Sprache – im Besonderen in Bezug auf »Bedeutungsmuster«. Ausgangspunkt der Arbeit nach der »Narrativen Denkrichtung« ist die Idee, dass die Realität der ratsuchenden Familien erst durch Sprache überhaupt erschaffen wird.

»Wirklichkeit besteht aus nichts anderem als Geschichten: *darüber* sprechen Menschen miteinander, nicht über Allianzen, Grenzen, Regeln und Redundanzen (es sei denn, es handelt sich um Familientherapeuten-Familien...)!« (von Schlippe & Schweitzer, 2003, S. 40).

Auf Seiten der Therapeutinnen bedeutet dies, dass diese vor allem auf entsprechende »Erzählmuster« achten, die eine Familie prägen: Wie wird beispielsweise über den Alltag berichtet, welche Überzeugungen und Erfahrungen sind erkennbar, welche Werte werden durch das Erzählte verdeutlicht?

Besonders wichtig ist es hier, dass die Therapeutin genau hinhört, diese Geschichten wahrnimmt und den Familienangehörigen zur Verfügung stellt. Durch die Bewusstwerdung der eigenen »Geschichten« und das Hören der »Geschichten der anderen« kann es zu einer Bewusstwerdung kommen und im zweiten Schritt auch der Frage nachgegangen werden, ob diese Geschichten und die darin liegenden Wertvorstellungen aktuell noch passend sein oder womöglich »umgeschrieben« bzw. »aktualisiert« werden sollten.

Die genaue Arbeit mit und das Achten auf Sprache gehört zu den absoluten Grundlagen von Therapeutinnen und Beraterinnen. Gerade in der systemischen

Therapie bietet das Arbeiten mit Sprachmustern und auch dem »Spiel« mit Sprache wichtiges Handwerkszeug. Dieses Spiel wird durch die Arbeit mit Metaphern oder »Bildern zu einer Geschichte« zusätzlich angeregt.

5.2 Theoretischer Hintergrund

»Die Systemtheorie ist als erstes in der Biologie (von Bertalanffy, 1956) und Physiologie (Cannon) entwickelt worden.« (von Schlippe & Schweitzer; 2003, S. 50). Grundlegend war ihre Forschung zum Thema »Gleichgewicht« und dessen Erhaltung. Auf den Bereich der Familientherapie übertragen, bedeutet dies, herauszufinden, wie ein »nicht funktionales« von einem »funktionalen« Familiensystem unterschieden werden kann. Als zweitem Schritt sollte es dann in der Therapie zunächst darum gehen, wie ein »nicht funktionales« Familiensystem darin unterstützt werden kann, sich in Richtung »funktional« zu entwickeln. Auf diese Weise könnte diese Familie dann ihr verlorenes »Gleichgewicht« wieder erreichen.

Diese Idee erwies sich in der Praxis als nicht hilfreich – zu schwierig war es für die Therapeutinnen, das »Funktionale« bei den Familien zu definieren und zu »fördern«.

Die Einflussnahme von außen wurde als begrenzt erkannt: »Der Fokus verschob sich mehr und mehr auf die innere, autonome Selbstorganisationslogik lebender Systeme, auf ihre operationale Abgeschlossenheit und damit auch auf die Grenzen externer Einflußnahme.« (von Schlippe & Schweitzer, 2003, S. 51).

Folglich änderte sich auch das Selbstverständnis der Familientherapie durch das Hinterfragen ihrer selbst. Die lineare Entwicklung von Familientherapien in Richtung »Besserung« durch einen längeren Therapieprozess mit zusammenhängenden Entwicklungen wurde fallen gelassen und gegen ein Konzept ausgetauscht, bei dem jeder Termin als eigene Behandlungseinheit gesehen wird.

Dieser »Abschied von der Linearität« und der »Unmöglichkeit der Planbarkeit« von Entwicklungen ist bis heute prägend für das Selbstverständnis systemischer Therapeutinnen. Es wird davon ausgegangen, dass Entwicklung immer stattfindet und dass diese an sich nicht vorhersehbar ist. Üblich ist es auch, dass zu Beginn einer systemischen Therapie nicht nochmal nachgefragt wird, was die Inhalte des letzten Treffens gewesen sind oder was noch »in Erinnerung« ist, denn in der Zwischenzeit kann viel passiert sein und »die Welt anders aussehen«. Dementsprechend können in dieser Zeit auch ganz neue Anliegen und Bedarfe entstanden sein.

Kybernetik

Der Begriff »Kybernetik« entstammt der Wissenschaft über die Steuerung und Regelung von Maschinen und die Übertragung dieser Erkenntnisse auf die

Handlungsweisen lebender Organismen. Auch im Bereich der Computertechnik ist dieser Begriff relevant. In unserem alltäglichen Sprachgebrauch ist die Kybernetik durch das Wort »Cyber«[6] präsent.

Hinsichtlich einer möglichen Umschreibung dieses Begriffes »Kybernetik« schreibt Heinz von Foerster: »›Regelung und Nachrichtenübertragung im Lebewesen und in der Maschine‹ kann als Definition von Kybernetik fungieren.« (von Foerster, 1993, S.72).

Heinz von Foerster untersuchte mit seiner »Kybernetik« und »Kybernetik zweiter Ordnung« Anfang der 1970er Jahre die Rolle der Therapeutinnen und definierte sie teilweise neu als »Beobachterinnen«. Es ging ihm darum, eine »Theorie des Beobachters« (von Foerster, 1993) zu entwickeln.

- Kybernetik erste Ordnung: Therapeutin beobachtet Klientensystem
- Kybernetik zweite Ordnung: Therapeutin wird zusammen mit Klientensystem beobachtet

Winfried Palmowski drückt es so aus, dass »wir weniger eine Psychologie des Beobachtens (des untersuchten Objekts) brauchen, sondern mehr eine Psychologie des Beobachters.« (Palmowski, 2011, S. 38)

Wichtig ist die Kybernetik in Bezug auf das Selbstverständnis von systemischen Therapeutinnen. Nach dieser Theorie der »Kybernetik der zweiten Ordnung« zu urteilen ist es nicht möglich, sich als Beraterin außerhalb des Klientensystems zu verorten. Zudem besagt die Kybernetik, dass es unmöglich ist, die Entwicklung eines Systems oder einer Maschine durch bestimmte Impulse von außen auf eine bestimmte Art zu beeinflussen. Ebenso würde dies dann auch für Familiensysteme gelten.

Über den Reiz der Kybernetik schreibt Baecker: »Wenn es in diesem Jahrhundert so etwas wie eine zentrale intellektuelle Faszination gibt, dann liegt sie wahrscheinlich in der Entdeckung des Beobachters.« (zit. in von Foerster, 1993, S. 17)

Wichtig ist die Kybernetik also in Bezug auf das Thema der Beobachtung. Für die systemische Therapie ist hier auch die Erkenntnis relevant, dass Menschen dazu in der Lage sind, sich etwas vorzustellen, das es so nicht gibt – inklusive sich selbst in komplex konstruierten Situationen. Diese Erkenntnis eröffnet viele Möglichkeiten, wie wir beispielsweise über unser Handeln nachdenken können sowie denkbare Alternativen hierzu und uns dabei beobachten können. Wir können uns quasi »selber über die Schulter schauen« – für die Arbeit in der Therapie und Beratung sehr hilfreich und aufschlussreich.

Definition System

Um ein »System« zu definieren, braucht es »Elemente«, »Objekte« und deren Beziehungen untereinander. Systeme entstehen, indem ein Unterschied zwischen

---

6 Abkürzung der englischen Übersetzung des Wortes Kybernetik: Cybernetics

»innen« und »außen« gemacht wird. Beispielsweise gehören zu dem System »Familie« folgende Personen: Mutter, Vater, Sohn, Tochter, Enkel, und so weiter. Diese sind innerhalb des Systems. Außerhalb gibt es Personen wie beispielsweise Mitschülerinnen, Arbeitskolleginnen oder Freundinnen.

An welcher Stelle in einem System die Unterscheidung zwischen innen und außen verläuft, kann ebenfalls von außen und von innen erfolgen. Von außen wird ein System durch bestimmte Ideen und Vorstellungen definiert. Beispielsweise gibt es viele Ideen dazu, was eine Familie ist und wie dieses System gefasst werden kann. Weitere Beispiele hierfür wären Systeme wie Schule, Kita oder »Arbeitsplatz«.

Ein System von innen zu definieren bedeutet, dass die Beteiligten selbst entscheiden, wie das jeweilige System gestaltet wird. Folglich mag es zum Beispiel auch Familien geben, in denen eine Freundin der Mutter durchaus in das »Innen« des Familiensystems gehört. Die Entscheidung darüber, was wir als ein »System« betrachten, treffen wir also auch selbst.

Was ist systemisch?

Es kann der Eindruck entstehen, dass es fast unmöglich sei, zu erfassen, was genau »systemisch« ist oder sein soll. Dies liegt u. a. in den vielen unterschiedlichen Deutungsmöglichkeiten begründet. Der Begriff ist längst Teil der Alltagssprache geworden und wird sowohl von Fachfremden wie auch von Expertinnen sehr unterschiedlich gebraucht und interpretiert.

Schneewind schreibt über die Bedeutung von systemisch: »Für den englischen Familientherapeuten Hills (2013, S. 193) ist das Wort *systemic* ein (in deutscher Übersetzung) ›Chamäleon Wort‹, das ›in vielfältiger Weise ohne ein vereinigendes Prinzip verwendet werden kann.‹« (Schneewind, 2019, S. 102)

Angehende systemische Therapeutinnen lernen die Bedeutung von »systemisch« meist in Weiterbildungen. Somit sind vor allem entsprechende Institute Orte, an denen die Bedeutung des Wortes (weiter-)entwickelt und vermittelt wird.

> **Haltung der Systemischen Gesellschaft[7]**
>
> - Systemische Praxis ist durch wissenschaftliches Denken bestimmt.
> - Der systemische Ansatz ist keine geschlossene Theorie, sondern setzt sich eigentlich aus verschiedenen heterogenen Denkansätzen zusammen, die alle nichtreduktionistisch mit Komplexität umgehen.
> - Menschen sind autonom und nicht instruierbar, in ihren sozialen Interaktionen bleiben sie für einander nicht durchschaubar.
> - Erkenntnisgewinne werden durch die Beobachtung der eigenen Hintergründe erreicht, wobei Ratsuchenden die Expertise über sich selbst obliegt.
> - Auf normative Zielsetzungen und Pathologisierungen wird verzichtet.

---

7 https://systemische-gesellschaft.de/systemischer-ansatz/was-ist-systemisch/

- Eigene Ressourcen von Ratsuchenden werden als »Triebfeder« zum Erreichen besserer Zustände genutzt.
- Problematische Muster im Miteinander werden hinsichtlich ihrer Entstehung untersucht und bezogen auf ihren aktuellen Nutzen für den Hilfesuchenden hin überprüft.
- Probleme werden als Herausforderungen betrachtet, die neue Kräfte entstehen lassen, bereits geleistete Anstrengungen zur Überwindung dieser Probleme werden gewürdigt.

Auch wenn es für systemische Beraterinnen schwer sein kann, zu definieren, was systemisch ist, so ist es doch ratsam, dass sie eine entsprechende Frage nach der Bedeutung von »systemisch« durch Ratsuchende beantworten können. Womöglich kann es hilfreich sein, sich hier ein paar kurze Sätze und Stichwörter einzuprägen wie:

- Der Blick wird auf die Zusammenhänge gerichtet.
- Probleme werden als Lösungsversuche gesehen.
- Die eigenen Ressourcen stehen im Vordergrund.
- Ziel ist es, Entlastung zu schaffen.

Zusätzlich kann an diesen Stellen der Hinweis nützlich sein, dass sich die Wirkung der systemischen Herangehensweise vor allem in der Zusammenarbeit zeigt und die gemeinsame Reflexion des Prozesses einen wichtigen Bestandteil ausmacht.

Diagnosen

Bezüglich der Vergabe von Diagnosen nach den üblichen, weltweit zum Einsatz kommenden Klassifikationssystemen (▶ Kap. 1), wird aus systemischer Sicht kritisiert, dass sich diese zu sehr auf Festschreibungen konzentrieren und den Zusammenhang verschiedener Faktoren nicht ausreichend berücksichtigen: »Der operationale Störungsbegriff der ICD-10 und des DMS-IV bleibt wie seine Vorgänger vorwiegend individualistisch, lokalisiert die meisten Krankheiten im Individuum, entfaltet fast keine Sensibilität für Krankheiten als Interaktionsprozess«. (Schweitzer & von Schlippe, 2007, S. 21). Trotzdem wird der *operationale Störungsbegriff* der ICD-10 und DSM-IV beschrieben als »zwar nicht befriedigende, aber doch hinreichend akzeptable Grundlage, mit der die systemische Therapie bei unterschiedlichen Störungsbildern im Dialog mit anderen Therapierichtungen bleiben kann.« (Schweitzer & von Schlippe, 2007, S. 26). Das DSM liegt zwischenzeitlich in der 5. Version vor, die ICD-11 ist zwar bereits übersetzt, über einen konkreten Zeitpunkt ihrer Einführung in Deutschland können aber noch keine Aussagen getroffen werden. An der grundlegenden Operationalisierung des Störungsbegriffs hat sich innerhalb der jüngeren Versionen der Klassifikationssysteme nichts geändert, weshalb die Schlussfolgerung von Schweitzer und von Schlippe für die Arbeitsweise der systemischen Therapie als weiterhin zutreffend betrachtet werden können.

Diagnostik solle in der systemischen Therapie nicht als eine nüchterne Beschreibung eines Sachverhaltes angesehen werden, sondern als »eine Beschreibung, die das Beschriebene mit erzeugen und verändern kann.« (Schweitzer & von Schlippe, 2007, S.26)

Diagnostik kann – indem in der Beobachtung wiederkehrende Muster Kategorien mit bestimmten Handlungsoptionen zugewiesen werden – also Komplexität reduzieren und das Vorgehen von Therapeuten auf diese Weise unterstützen (Schweitzer & von Schlippe, 2007).

Vom Problem zur Lösung

Den Schwerpunkt in der Diagnostik auf das zu legen, was nicht geht, wird als wenig nützlich angesehen:

> »Für die Perspektive einer ›systemisch-konstruktivistischen Diagnostik‹ ist die ausführliche Suche nach dem, ›was sein könnte‹ (Schweitzer u. Ochs 2002), also nach möglichen Lösungsszenarien und bislang noch ungenutzten Ressourcen, mindestens ebenso wichtig wie die Beschreibung des Problems und die Erklärung seiner Entwicklungsgeschichte.« (Schweitzer & von Schlippe, 2007, S. 27).

Die Konzentration auf das Problem könne nach Schweitzer und von Schlippe (2007) zudem dazu führen, dass sich die schwierigsten Befürchtungen im Sinne einer selbsterfüllenden Prophezeiung bewahrheiten würden und irgendwann gar nichts mehr ginge, im schlimmsten Fall eine »Problemtrance« (S. 27) ausgelöst werde. Lösungsideen gerieten hierdurch eher in den Hintergrund.

5.3 Systemische Sicht auf Probleme

> »Probleme kann man niemals mit derselben Denkweise lösen,
> durch die sie entstanden sind.«
> (Albert Einstein)

Aus systemischer Perspektive entsteht ein Problem nicht aus dem System, sondern das System aus dem Problem. Das Problem ist kein strukturelles Merkmal des Systems – d. h. nicht das System (z. B. Familie) »hat« ein Problem. Stattdessen entwickelt sich durch die Kommunikation über ein Problem das charakteristische Sozialsystem (von Schlippe & Schweitzer, 2003, S. 102).

Probleme werden in der systemischen Beratung zudem als Symptome betrachtet, die auftauchen, wenn Situationen als nicht bewältigbar erscheinen und zunächst keine eigenen Ideen entwickelt werden können, wie mit dieser Situation umgegangen werden kann. Probleme sind folglich Reaktionen auf Schwierigkeiten, die bisher noch nicht zum Erfolg geführt haben.

»Ein Problem ist etwas, das von jemandem einerseits als unerwünschter und veränderungsbedürftiger Zustand angesehen wird, andererseits aber auch als prinzipiell veränderbar« (von Schlippe & Schweitzer, 2003, S. 103). »Jedes Thema einer Kommunikation, die etwas als unerwünscht und veränderbar wertet« (ebd., S. 103) kann ebenfalls als Problem betrachtet werden.

Wie bereits eingehend beschrieben, spielt Interaktion in der systemischen Therapie eine wichtige Rolle. Probleme werden nicht einzeln, sondern immer im Gesamtkontext betrachtet. Diesem Ansatz liegt das Ziel zugrunde, »Flexibilität« von Problemen zu erhalten, sodass diese gedanklich weiter verändern werden können und nicht zu voreiligen Festschreibungen werden. Probleme werden nicht als persönliche Merkmale einer Person angesehen, über die sich diese Person identifiziert (»ich bin Bulimikerin«, »ich bin Autist«) oder auf die sie reduziert wird (»der Bandscheibenvorfall auf Zimmer 312«) (Schweitzer & von Schlippe, 2007).

In der systemischen Therapie wird stets hinterfragt, ob Probleme womöglich auch eine nützliche Funktion haben können, z. B. eine bindende Wirkung für ein System. »Symptomatisches Verhalten hat oft einen Doppelcharakter: es ist zum Problem geworden und zugleich zu einer Lösung. Es verursacht Leiden und verhindert zugleich anderes (von den Beteiligten als noch schlimmer phantasiertes) Leid« (Von Schlippe & Schweitzer, 2003, S. 109).

5.4 Systemische Therapie bei Menschen mit Behinderung

Die systemische Therapie bewegt sich beim Thema Autismus noch auf Neuland. Aufgrund diverser Überschneidungen – insbesondere in Bezug auf hilfreiche Ideen und konkrete Handlungsempfehlungen – soll daher auch ein Blick auf die systemische Therapie bei Menschen mit Behinderung geworfen werden (zur vertiefenden Lektüre vgl. auch Retzlaff, 2016).

Autismus-Spektrum-Störungen sind – wie die Bezeichnung schon nahelegt – sehr facettenreich. Sie können u. a. Aspekte körperlicher, geistiger und/oder seelischer Beeinträchtigungen beinhalten. So gelten Kinder und Jugendliche mit Asperger-Syndrom beispielsweise auch als »seelisch behindert«, wenn es innerhalb der Jugendhilfe um die Beantragung einer Förderung geht.

Im Folgenden sollen daher – ohne einen expliziten Fokus auf das Thema Autismus zu legen – eben diese Bereiche aus der Arbeit mit Menschen mit Behinderung betrachtet werden.

In Anlehnung an Retzlaff (2016), der sich in seinem Werk »Familien-Stärken – Behinderung, Resilienz und systemische Therapie« hauptsächlich auf Familien mit Kindern mit schweren Entwicklungsstörungen sowie körperlichen und geistigen Behinderungen konzentriert, gleichzeitig aber auch sagt, dass ein Transfer der vorgestellten Konzepte und therapeutischen Ansätze auch auf andere Formen von Behinderungen sowie auf erhebliche chronische Erkrankungen möglich ist, sollen die dargestellten Informationen als Anregung dienen für die Arbeit mit Menschen mit Autismus. Inwieweit bestimmte Ideen direkt umgesetzt oder aber entsprechend angepasst oder modelliert werden müssen, sollte im Rahmen konkreter Situationen in Therapie und Beratung jeweils überprüft werden.

Es gibt verschiedene Modelle, die hilfreich sein können, die Situation von Familien mit Kindern mit Behinderung zu bewerten und die für die Bewältigung spezifischer Herausforderungen relevant sind.

Die Familien-Stresstheorie

Die Familien-Stresstheorie geht davon aus, dass die kognitive Bewertung einer potenziell belastenden Situation maßgeblich die Stressreaktion bestimmt (Bennighoven et al., 2003). Es gibt folglich keine »allgemeingültige« Reaktion auf Stress – wie Stressoren wahrgenommen werden hängt von der individuellen Wahrnehmung und der Fähigkeit Stresssituationen eine bestimmte Bedeutung zuzumessen ab. Ebenfalls entscheidend ist das Vorhandensein von Ressourcen. Eine (fehlende) Balance von Ressourcen und Stressoren kann entweder krisenförderlich oder stabilisierend wirken. Entsprechend unterschiedlich reagieren Familien auf besondere Herausforderungen.

Familienresilienz

Das Modell der Familienresilienz (▶ Kap. 2.2) beschäftigt sich mit der Frage, unter welchen Bedingungen Herausforderungen gemeistert werden oder auch nicht: »Aus systemischer Perspektive kann Resilienz als das Potenzial von Familien als Organisationseinheit verstanden werden, Belastungen abzupuffern, sowie als Ergebnis gelungener Adaptionsprozesse an eine widrige Lebenssituation« (Retzlaff, 2016, S. 111).

Krankheiten oder körperliche/geistige Beeinträchtigungen werden dabei nicht problematische Ausnahme betrachtet, sondern als allgegenwärtiger, normaler Bestandteil des Lebens. Entscheidend im Hinblick auf die Lebensqualität ist die Tatsache, wie Menschen mit solchen Herausforderungen umgehen (Hawley, 2000; Nichols & Schwartz, 2004; vgl. auch Retzlaff, 2016). Krisen können die »Balance« einer Familie stören, bringen aber auch Potenzial, daran zu wachsen und z. B. Beziehungen untereinander zu stärken (Boss, 2002; Retzlaff, 2016).

Familien-Kohärenzgefühl

Der Begriff »Kohärenz« geht auf Antonovsky und sein salutogenetisches Modell zurück. Antonovsky stellte fest, dass Überlebende aus Konzentrationslagern das Erlebte sehr unterschiedlich verarbeitet hatten, was sich z. B. in unterschiedlichen Reaktionen darauf äußerte. Er entwickelte daraus die Idee, dass Gesundheit nicht als statischer, passiver Gleichgewichtszustand betrachtet werden dürfe. Vielmehr handle es sich dabei um ein »aktives, labiles, dynamisch reguliertes Geschehen« (Bengel et al., 1998, zit. in Retzlaff, 2016, S. 113). Das menschliche Dasein zeichne sich nicht durch einen homöostatischen Zustand aus, sondern durch ein Ungleichgewicht aufgrund von Stress, Krankheit und Leid (ebd., S. 113).

Kohärenz beschäftigt sich mit Frage, was Menschen gesund hält. Sie kann als das Vertrauen darauf verstanden werden,

- dass Anforderungen strukturiert, vorhersehbar und erklärbar sind,
- die entsprechenden Ressourcen zur Bewältigung zur Verfügung stehen,
- und ob die Beschäftigung mit diesen Herausforderungen überhaupt sinnvoll und »die Mühe wert« ist.

»Selbstwirksamkeit«, die Fähigkeit, sein eigenes Leben (wieder) in den Griff zu bekommen, spielt hierbei eine wichtige Rolle.

Bei Familien mit Kindern mit Behinderungen zeigt sich, dass diese auf Belastungen sehr unterschiedliche reagieren:

> »In den vorgestellten Untersuchungen kam ein Teil der Familien mit den anhaltenden Belastungen bemerkenswert gut zurecht. Neben greifbaren Entlastungen – wie finanzieller Unterstützung, Pflegeentlastung, Zeitressourcen und guten Familienfunktionen – haben Glaubenssysteme und insbesondere das Familien-Kohärenzgefühl einen starken Einfluss auf den Umgang mit einer Behinderung.« (Retzlaff, 2016, S. 136 f.)

Narrative Ansätze

Die narrativen Ansätze (▶ Kap. 5.1) gehen von der Annahme aus, dass gesundheits- und krankheitsbezogene Narrative, d. h. die Art und Weise wie Menschen Geschichten nutzen, um ihrem Leben Sinn zu verleihen, einen entscheidenden Einfluss haben können – beispielsweise also auch darauf, wie eine Familie insgesamt mit dem Thema Behinderung umgeht.

»Therapeuten müssen diese Berichte lediglich annehmen; sie gehen nicht zielorientiert vor, sondern sind im besten Sinne neugierig (Cecchin, 1988, Cecchin & Ray, 1992), zeigen Mitgefühl und begreifen die therapeutischen Gespräche als Begleitung.« (Retzlaff, 2016, S. 145).

Die Geschichten werden als »realitätsstiftend« wertgeschätzt und spielen in der Arbeit mit den Familien eine zentrale Rolle.

Eine entscheidende Frage, die sich generell im Rahmen systemischer Arbeit stellt, ist, inwieweit Ratschläge hilfreich oder eher unpassend sein können. Retzlaff (2016) plädiert dafür, Klienten generell das eigene Wissen und die Kompetenz zur Verfügung zu stellen, wenn diese in der Beratung explizit bestimmte Informationen und konkrete Handlungsempfehlungen wünschen. Wichtig hierbei sei jedoch, wie die Ratschläge erfolgen würden, wobei mit Blick auf die Eltern stets das Ziel einer Stärkung der Selbstwirksamkeit im Sinne eines Empowerments wünschenswert wäre (Retzlaff, 2016).

Neben der Auswahl an vorgestellten Modellen betont Retzlaff (2016) schließlich noch, dass Therapeutinnen auf »Kooperation im Versorgungsnetz« (S. 183) achten sollten, um der Tatsache Rechnung zu tragen, dass meist eine Vielzahl unterschiedlicher Ärztinnen, Therapeutinnen und Pädagoginnen in die Behandlung und Begleitung von Kindern mit Behinderungen involviert sind.

6 Autismus-Therapie und systemische Therapie

6.1 Gemeinsamkeiten und Unterschiede

Eine Frau mit Autismus wird in der Förderung vom Therapeuten gefragt: »Was denken Sie, ist – aus Sicht Ihrer Mutter – aktuell Ihr größtes Problem?« Sie antwortet: »Sie wissen doch, dass ich so etwas nicht kann!«

Das beschriebene Beispiel zeigt ganz gut, dass sich »Autismus« und »systemisches Denken« nicht immer als kompatibel erweisen. Ziel der in der systemischen Arbeit sehr gebräuchlichen Methode des »zirkulären Fragens« (▶ Kap. 7.7.3) ist es, die denkbaren Erwartungshaltungen anderer Personen, die nicht direkt am Gespräch beteiligt sein müssen, zu erforschen. Grundlegend hierfür ist, dass die Befragten in der Lage sind, die Perspektiven der anderen Personen einzunehmen und sich in diese hineinversetzen können. Diese »Theory of Mind« (▶ Kap. 1) ist bei Menschen mit Autismus in der Regel eingeschränkt entwickelt. Eine entsprechende Aufgabe kann folglich – wie bei der Klientin in der beschriebenen Situation – zu einer Überforderung führen.

Die Welt des Autismus, die von linearem Denken, von Rationalität und von Logik geprägt ist, steht in vermeintlichem Gegensatz zu der Welt der Systemiker, in der vieles in Frage gestellt und davon ausgegangen wird, dass die Realität, so wie wir sie erleben, Folge einer Konstruktion ist, d. h. die Wirklichkeit in selbstverständlicher Form nicht existiert (▶ Abb. 6.1).

Für Fachleute, die systemisch im Bereich Autismus arbeiten, kann die Suche nach Gemeinsamkeiten beider Welten also durchaus herausfordernd sein.

6.2 Umgang mit Diagnosen

Diagnosen sind in der Autismus-Therapie zentral. Sie stehen i. d. R. am Anfang der Unterstützung, die Kostenübernahme für eine Förderung erfolgt auf Grundlage der Diagnose des einzelnen Kindes oder Jugendlichen, das somit als »Leistungsempfänger« im Fokus der Förderung steht.

Für die Familien kann eine Diagnose einen sehr entlastenden Charakter haben. Sie sorgt dafür, die Probleme innerhalb der Familie nicht als ein »Versagen der erzieherischen Fähigkeiten« zu bewerten. Der Wiedererkennungswert, der

autistische Denkweise

systemische Denkweise

Abb. 6.1: Autistische Denkweise und systemische Denkweise

durch eine Diagnose entsteht, nimmt die Sorge, dass man selber nicht in der Lage ist, eine Situation für alle Beteiligten gut zu lösen.

In der Förderung bieten Diagnosen wichtige Ansatzpunkte, um am Selbstbild der betroffenen Menschen zu arbeiten. Sie dienen als Ausgangspunkt für die Beobachtung, in welchen Bereichen Auffälligkeiten, »Andersartigkeit« oder auch Gemeinsamkeiten mit anderen Menschen auftreten.

In der systemischen Therapie werden Diagnosestellungen generell anerkannt, allerdings kommt ihnen weniger Bedeutung zu als bei anderen Ansätzen (was auch Folgen für die Differentialdiagnostik und den weiteren Umgang mit einer Diagnose mit sich bringt (von Schlippe & Schweitzer, 2007)

Der Begriff Störung, der sich auch in der Bezeichnung »Autismus-Spektrum-Störung« wiederfindet, – »stellt aus systemischer Sicht einen Fortschritt gegenüber der Kategorisierung nosologischer Einheiten dar. […] Die Logik der ICD-10 implizi ert eine Beziehungs- beziehungsweise Beschreibungskomponente: Jemand ›stört‹ und jemand fühlt sich ›gestört‹« (von Schlippe & Schweitzer, 2007, S. 24).

6.3 Unterschiedliche Sichtweisen innerhalb der systemischen Therapie

Autorinnen wie Ina Slotta (2002) und Autoren wie Jochen Schweitzer und Arist von Schlippe (▶ Kap. 5.4) geben Hinweise darauf, wie in der systemischen Therapie mit dem Thema Autismus umgegangen werden kann.

Während Slotta Probleme im Umgang mit dem Thema Autismus als »den nicht gelungenen Umgang mit Verschiedenheit« bewertet, übernehmen Schweitzer und von Schlippe die Strukturen der gängigen Diagnosestellungen und überlegen davon ausgehend, wie hier systemische Ideen Eingang finden können. Sie tun dies nicht, ohne bestehende Strukturen zu kritisieren, legen allerdings den Schwerpunkt darauf, sich pragmatisch und lösungsorientiert »an die Arbeit« zu machen.

Retzlaff geht in seinen Überlegungen noch einen Schritt weiter, indem er auch Anregungen gibt für die Beratung von Eltern von Kindern mit Behinderungen. Er bietet Modelle an, mit deren Hilfe Themen wie Belastung, Verarbeitungsprozess oder Stärkung dieser Familien in der Beratungsarbeit konkret angegangen werden können.

Auch wenn die Bereitschaft im Hinblick auf die Übernahme diagnostischer Begriffe unterschiedlich ist, haben die drei Ansätze (zur Vertiefung ▶ Kap. 5.3 und ▶ Kap. 5.4) die Grundannahmen der systemischen Theorie, auf deren Basis die jeweiligen Ideen entwickelt werden, gemeinsam.

6.4 Hilfe für die Einzelne und/oder für das gesamte System?

Die Angebote in der Förderung richten sich heute in erster Linie direkt an Menschen mit Autismus. Auch durch die Struktur der Förderung als eine »Eingliederungshilfe«, die Menschen mit Behinderung gewährt wird, fokussiert diese somit sehr stark auf das Individuum, d. h. den einzelnen Menschen mit Autismus.

Das Sozialrecht definiert, wer einen Anspruch auf eine Unterstützung hat. Menschen mit Autismus gelten im Rahmen der Eingliederungshilfe als »am Leben in der Gemeinschaft beeinträchtigt« und haben dadurch auch ein Anrecht auf eine Unterstützung:

> »Autismustherapie ist eine Komplextherapie unter Einschluss verschiedener Professionen und Methoden. Das Ziel ist gemäß §§ 53, 54 SGB XII bzw.§ 35 a SGB VIII die Eingliederung in die Gesellschaft, indem die Folgen der Behinderung zumindest gemildert werden.« (Frese, 2014)

Diese Betrachtungsweise widerspricht zunächst grundsätzlich einem systemischen Vorgehen (lässt man außer Acht, dass in der Praxis normalerweise auch die Situation der Familie Beachtung findet). Innerhalb der systemischen Therapie geht es stets darum, das »Problemkind« zu entlasten und das gesamte (Familien-)System in den Blick zu nehmen. Dies würde – übertragen auf den Bereich Autismus bedeuten, dass *nicht nur der einzelne Mensch* von Autismus, sondern auch *die gesamte Familie* von Autismus betroffen ist.

Das Sozialrecht definiert weiterhin, wer »in der Gesellschaft« ist und wer außerhalb steht, oder wer behindert wird, an dieser Gesellschaft zu partizipieren.

Diese Beschreibung kann – aufgrund der teilweise erheblichen Probleme in der sozialen Interaktion – im Bereich Autismus durchaus zutreffend erscheinen, dennoch ist es problematisch, Personen mit Autismus als »außenstehend« zu deklarieren. Für das Sozialrecht muss allerdings zunächst geklärt werden, welche Personen beeinträchtigt sind, um diese in der Folge integrieren können. Diese Zuschreibung geschieht also einseitig, was dazu führen kann, dass die Gesellschaft weniger stark im Fokus steht, wenn es um die Frage geht, weshalb eine Partizipation von Menschen mit Autismus erschwert ist.

6.5 Entstehungsgeschichten

Die ersten Förderzentren für Menschen mit Autismus und deren Familien entstanden durch Elterninitiativen (▶ Kap. 2.2) und damals auch aus einer gewissen Notsituation heraus. Das Thema Autismus war insgesamt wenig bekannt und bereits bestehende Hilfsangebote konnten meist keine passende Unterstützung bieten.

Die Identität der Autismusförderung wurde möglicherweise in ihrem Ursprung durch diese »Mangelerfahrung« mitgeprägt: einem Mangel an fähigen Fachleuten, einem Mangel an spezialisierten Einrichtungen, zu wenig Unterstützung durch bestehende Strukturen und der Erfahrung, »alles selber machen zu müssen«. Auch ein gewisser »Kampfgeist« mancher Eltern, der manchmal etwas übersteigert wirken mag, sollte vor diesem Hintergrund eingeordnet werden.

Die Autismus-Therapie entwickelte sich in einer Art »Nische«. Erfolgreiche Ansätze mussten erst entwickelt werden, da gängige therapeutische und pädagogische Herangehensweisen meist keine passende Hilfe anbieten konnten. Bei der Entwicklung dieser Ansätze kam dem Wissen über das Thema Autismus und den spezifischen Erfahrungen damit eine zentrale Rolle zu. Pädagogisch-therapeutische Angebote fokussierten folglich in erster Linie auf spezifische Probleme und Besonderheiten, die bei Menschen ohne Autismus so nicht vorkommen würden. Überschneidungen oder Kontroversen mit bereits bestehenden Therapie- und Pädagogikkonzepten gab es zum damaligen Zeitpunkt kaum. Eine neue Therapieform, die im Bereich Autismus weiterhelfen sollte, konnte bzw. musste sich demnach einigermaßen »frei« entwickeln – es war nicht das primäre Ziel sich von anderen Ansätzen abzusetzen.

Dies war in der Entstehung der systemischen Therapie anders – sie entwickelte sich in ihrem Ursprung aus der Auseinandersetzung mit Psychiatrie und Psychotherapie. Dabei spielte die Kritik an einer gewissen gesellschaftlichen Gesamtverfassung nach dem Ende des zweiten Weltkrieges eine wichtige Rolle. Die systemische Therapie fokussierte in ihrer Entwicklung stark auf gewisse »Machtstrukturen« und wie diese hinterfragt und aufgebrochen werden konnten. Im Vordergrund stand, Menschen (wieder) zu ermächtigen, für ihr eigenes Wohl einzustehen und dieses nicht in die Hände autoritärer Ärzte und Psychiater legen zu müssen.

6.6 Der Stellenwert von Kommunikation in der Autismus-Therapie und in der systemischen Therapie

Menschen mit Autismus sind häufig nicht in der Lage, Sprache entsprechend der gängigen Entwicklungsideen zu erwerben. Viele von ihnen entwickeln gar keine verbale Sprache. Dass Kommunikation allerdings mehr ist als »nur« verbale Sprache, wurde in der Autismus-Therapie bereits früh erkannt. Kommunikationsförderungen wie PECS (▶ Kap. 5.1), im Rahmen derer Menschen mit Autismus lernen auch ohne verbale Sprache Bedürfnisse zu äußern und in einen gewinnbringenden Austausch mit anderen Menschen zu treten, können hier Abhilfe schaffen.

Menschen mit dem Asperger-Syndrom verfügen häufig über verbale Sprache. Einige von ihnen entwickeln eine sehr genaue Sprache, die sehr »fein« ist und die einen sehr differenzierten Einsatz ermöglicht. Davon zeugen auch die vielen Buchbeiträge von Menschen mit Autismus wie z. B. Christine Preißmann oder Temple Grandin. Sprachliche Schwierigkeiten oder Beeinträchtigungen finden sich bei Menschen mit Asperger-Syndrom allerdings häufig in »weicheren« Bereichen wie »Small-Talk« oder »Therapie«, wenn »unausgesprochene Regeln« wirksam werden oder die Beziehungsebene eine entscheidende Rolle einnimmt.:

> »Viele autistische Menschen haben bereits einige frustrierende Erfahrungen machen müssen, sie fühlten sich in ihrer Therapie überfordert, falsch behandelt oder zumindest missverstanden. Wieder andere haben große Angst, sich auf eine therapeutische Beziehung einzulassen, da sie fürchten, der Therapeut könne versuchen, sie »normal« zu machen, also quasi ihren Autismus ›wegtherapieren‹ zu wollen und ihnen dadurch all ihre Merkmale zu nehmen, die ihre Persönlichkeit ausmachen« (Preißmann, 2013, S. 11).

Viele Menschen mit Autismus sind zu Reflektionen und Selbstbeschreibungen, wie sie eine Psychotherapie erfordert, nur bedingt oder auch gar nicht in der Lage. Es fällt ihnen schwer, Einschätzungen zu treffen und sich vorzustellen, »dass alles auch ganz anders und für sie besser sein könnte«. Steht dies im Mittelpunkt der Therapie oder geht es – wie in der systemischen Therapie oft üblich –, Ideen für eine bessere Zukunft zu entwickeln, kann sich das Leid der Betroffenen im schlimmsten Fall sogar vergrößern.

Viele gängige verbale Methoden sind für Menschen mit entsprechenden Beeinträchtigungen (wie sie auch im Rahmen von Autismus-Spektrum-Störungen vorliegen können) nur bedingt geeignet. Eine abgewandelte Anwendung bestimmter Methoden stellt für die jeweiligen Therapeutinnen immer wieder eine Herausforderung dar und bedarf einer gewissen Kreativität, um Menschen mit sprachlichen Einschränkungen aktiv in die Therapie einbeziehen zu können.

Vielleicht ist dies mit ein Grund dafür, dass das Thema Beeinträchtigung oder Behinderung innerhalb der systemischen Therapie bis heute insgesamt eher weniger stark vertreten ist. Sicherlich gab es schon immer Familientherapeutinnen, die mit Familien mit einem Kind mit Behinderung arbeiteten. Die Frage, welche Kompetenzen Therapeutinnen für ihre Arbeit benötigen und welche Voraussetzungen potenzielle Klienten mitbringen müssen, ist dennoch entscheidend. Viele Methoden in der systemischen Therapie setzen – um gewinnbringend eingesetzt werden zu können – ein Mindestmaß an (verbaler) Reflexionsfähigkeit auf Seiten der Klientinnen voraus.

6.7 Umsetzung der systemischen Therapie in der Autismus-Therapie

Nützliche Impulse aus der systemischen Therapie für den Bereich Autismus

Viele Menschen mit Autismus lehnen die Klassifikation von Autismus als »Störung« ab – auch wenn sie die entsprechende Diagnose »Autismus-Spektrum-Störung« erhalten haben (▶ Kap. 2.1). Sie setzen sich dafür ein, ihre Eigenarten nicht als »Einschränkung« oder »Absonderlichkeit« zu betrachten, sondern als Besonderheiten wertzuschätzen. Personen, die noch keine offizielle Diagnose erhalten haben, wägen oftmals wiederholt aktiv ab, was eine Diagnose bewirken könnte, wie anstrengend ein Prozess der Diagnosestellung möglicherweise ist und welche Vorteile ihnen eine entsprechende Diagnose bringen würde. Eine solche Herangehensweise ist ganz im Sinne der systemischen Therapien. Wie bereits beschrieben, ist die aktive Auseinandersetzung mit Diagnosen und deren Festschreibungen wichtiger Bestandteil systemischen Denkens.

Die systemische Perspektive kann Menschen mit Autismus und ihre Familien folglich gut darin unterstützen, ihr eigenes Verständnis einer Diagnose, die stets nur einen Teil des Menschen beschreibt, zu erarbeiten.

Hilfreiche Ideen aus dem systemischen Ansatz für die Förderarbeit

Skalierungsfragen (▶ Kap. 7.7.4) können auch im Bereich Autismus hilfreich sein.

Nachdem ein Klient von einem frustrierenden Besuch in einem Supermarkt erzählt hatte, wurde er aufgefordert, dieses Erlebnis im Hinblick auf seinen Frustrationsgrad auf einer Skala von null bis zehn einzuordnen (0 = überhaupt nicht frustrierend, 10 = extrem frustrierend). Er ordnete er es bei »8« ein. Sein Erleben und wie er es beschrieben hatte, hatten eher den Eindruck einer »10« hinterlassen. Danach wurde ihm die Frage gestellt, was das frustrierendste Erlebnis gewesen sei, das er je gehabt hätte. Nach und nach beschrieb der Klient unterschiedliche Ereignisse, und ordnete diese jeweils auf der gleichen Skala ein.

Die Skalierung half ihm in dem Beispiel, sein Erleben zu differenzieren und zu realisieren, dass er in seinem Alltag mit Erlebnissen zu tun hat, die unterschiedlich stark belastend wirken. Ihm fiel diese Aufgabe sehr schwer und er betonte immer wieder, wie anstrengend diese Aufgabe für ihn sei, und dass sich der Therapeut nicht zu viele Hoffnungen machen solle, dass er sein Denken und Handeln ändere. Hier wurde seine Angst vor Neuem und Unbekannten, inklusive der veränderten Denkmuster, sehr deutlich.

»Visualisierung« und »Strukturierung« gehören zum grundlegenden methodischen Handwerkszeug – sowohl in der systemischen als auch in der der autismusspezifischen Therapie. Reflexionsmomente im Sinne von Selbstbeobachtung sollten bei Menschen mit Autismus aber sehr überlegt eingesetzt werden, um den Stress bei den Beteiligten nicht unnötig zu erhöhen.

Klienten aktiv in den Förderprozess einzubinden ist insgesamt sehr wichtig, wobei dies auf unterschiedlichem Weg geschehen kann. Bei einigen Klienten kann dies erfolgreich verlaufen, wenn ihre Gedanken nicht von ihnen selbst, sondern stellvertretend durch enge Bezugspersonen, eingebracht werden.

Für derartige Beratungs- bzw. Fördersituationen können folgende Fragen erörtert werden:

- Klientbezogen:
  - Was denken Sie, wäre ein gutes Ziel für ihr Kind in der Förderung?
  - Wodurch würde sich die Lebensqualität Ihres Kindes erhöhen?
  - Was sind aktuell die größten Herausforderungen für Ihr Kind und welche Fähigkeiten benötigt es, um mit diesen Herausforderungen gut umgehen zu können?
- Umfeldbezogen:
  - Woran merken Sie den Erfolg der Förderung bei Ihnen zuhause (in der Kita, in der Schule)?
  - Was würde ein Erfolg der Therapie in Ihrem Alltag ändern?
  - Was könnten Sie zum Gelingen der Förderung beitragen?
  - Was müsste erreicht sein, um die Förderung beenden zu können?
  - Was wäre auch nach Beendigung der Förderung noch gleich bzw. evtl. »nicht erreicht«?
  - Wenn Fragen auftauchen, mit wem werden diese besprochen?
  - Welches Mitglied der Familie wird wie in den Förderprozess eingebunden?

Für andere Klienten mit Autismus ist die Beantwortung dieser Fragen durchaus möglich bzw. wünschen sie die direkte eigene Beteiligung. Häufig ist es sinnvoll, dies in der Förderarbeit möglichst strukturiert anzugehen, z. B. durch den Einsatz eines strukturierten Interviews. Für manche Klienten kann eine Liste mit Zielen, die in der Förderung erreicht werden können, hilfreich sein, sowie die Aufgabenstellung darauf, anzukreuzen, welche Ziele für ihn oder sie besonders wichtig sind. Auch hier zeigt sich meist, dass eine vorbereitete Struktur für viele Menschen mit Autismus gewinnbringend sein kann, und diese Form eine »offene« Gesprächssituation ergänzen sollte.

Systemische Beratung und Therapie nutzt viele visuelle Hilfsmittel und andere »Mittel zur Gedankenfokussierung«. Auch in der Arbeit mit Menschen ohne Autismus kann vorteilhaft sein, nicht alles erklären zu müssen, sondern mit visuellen »Ankern« zu arbeiten – z. B. ein bestimmtes Foto, das stellvertretend für eine emotionale Stimmung gewählt werden kann. Für Menschen mit Autismus ist diese Art der Unterstützung beim Fokussieren ebenso hilfreich, wenn nicht sogar noch hilfreicher.

In der systemischen Therapie wird viel mit Einschätzungen gearbeitet. Diese Einschätzungen werden als Momentaufnahmen verstanden und können sich entsprechend schnell wieder verändern. In der Beratungs- und Förderarbeit können solche Einschätzungen im Bereich Autismus helfen, um Situationen klarer zu beschreiben und sich ein besseres Bild machen zu können, wie es den Betroffenen geht bzw. welche Themen wie dringlich bearbeitet werden sollten.

Hilfreiche Ideen aus dem systemischen Ansatz für die Beratungsarbeit

Wenn es einmal nicht so gut läuft

> »Sag mehreren Menschen, was sie machen sollen, um von A nach B zu kommen – jeder wird etwas anderes verstehen und den Auftrag entsprechend der eigenen Idee umsetzen.«

Förder- und Beratungsprozesse verlaufen sehr unterschiedlich. Insbesondere bei »schwierigen Verläufen« kann dies auf Seiten der Therapeuten zu großem Druck führen. Zweifel an der eigenen Kompetenz und eine hohe Arbeitsbelastung sind keine seltenen Folgen. Die systemische Therapie liefert jedoch Ideen und Möglichkeiten, das eigene Handeln gewinnbringend und entlastend zu reflektieren.

Hilfreiche Überlegungen und Fragen zur Selbstreflexion:

- Passt die gewählte Methode vielleicht nicht zu dieser Familie?
- Sind in der Familie ausreichend Ressourcen vorhanden, um die Förderung überhaupt erfolgreich verlaufen zu lassen?
- Welche Art der Unterstützung benötigt die Familie in der jetzigen Situation?
- Unter welchen Bedingungen würde sich die Situation verbessern, unter welchen Bedingungen würde sie sich verschlechtern?
- Kann ich dieser Familie die benötigte Unterstützung anbieten?
- Kann es sein, dass das aktuelle Problem der Familie gar nichts mit den Inhalten meiner Förderung zu hat?
- Sind die Ziele klar genug formuliert und verständlich für die Familie?
- Ist die Familie ausreichend über die Vorgehensweise in der Förderung informiert?
- Hat die Familie ausreichende und verständliche Informationen über das Thema Autismus erhalten?
- Verfolgt die Familie ein anderes Ziel als das der Förderung?
- Versteht die Familie mein Vorgehen und die Zielsetzungen überhaupt?
- Sieht die Familie einen Mehrwert in der Förderung?

6.7 Umsetzung der systemischen Therapie in der Autismus-Therapie

In der systemischen Therapie wird grundsätzlich davon ausgegangen, dass Menschen und Systeme in ihren Reaktionen auf bestimmte Ereignisse nicht vorhersehbar sind. Dies zu berücksichtigen kann in der Förderarbeit, die weitestgehend standardisiert und folglich (einigermaßen) absehbar verlaufen soll, vor Herausforderungen stellen.

> Eine Mutter wird hinsichtlich zusätzlicher Strukturierungsmöglichkeiten verschiedener Abläufe im Alltag beraten. Dieses Prinzip hat sich in der Förderung für den autistischen Sohn als sehr hilfreich erwiesen. Zuhause gibt es Probleme, weil der Sohn in große Not gerät, wenn sich Mutter und Großmutter bezüglich der Betreuung am Nachmittag immer wieder abwechseln. Er weint regelmäßig, da seine Vorstellung davon, wer nachmittags zuhause sein wird und die reale Situation oft nicht übereinstimmen.
> Die Idee ist, durch Fotos auf einem Tagesplan deutlich zu machen, wer an welchem Tag zuhause sein wird, wenn der Junge aus der Schule nach Hause kommt. Auch weitere Informationen zu Beschäftigungsmöglichkeiten am Nachmittag und bezüglich des Abendessens werden in den Plan integriert.
> Der Therapeut bereitet diesen Plan vor und übergibt ihn der Mutter. Beim nächsten Hausbesuch hängen neben dem ursprünglichen Plan zwei weitere Pläne an der Wand. Die Struktur und die Informationen auf dem ursprünglichen Plan wurden verändert. Teilweise hängen auch selbst gemalte Bilder auf den Plänen, deren Abbildungen für den Therapeuten nicht zu entschlüsseln sind. Auf Nachfrage erzählt die Mutter, dass die zwei Geschwister des Jungen mit Autismus auch einen Plan gewünscht und sie daraufhin mit der gesamten Familie weitere Pläne erstellt hätten. Von dem ursprünglichen Problem des Jungen mit Autismus ist in dieser Situation nicht mehr die Rede.
> Der Therapeut beschreibt die Situation in der Supervision. Er ist einerseits erfreut über den Fortschritt und gerührt im Hinblick auf die Berücksichtigung der Bedürfnisse der Geschwisterkinder. Andererseits plagen ihn inhaltliche Bedenken, da die Pläne in keiner Weise dem zugrundeliegenden methodischen Vorgehen entsprechen. Der Supervisor reagiert gelassen: »Was wollen Sie mehr? – Sie wollen doch etwas bewegen und in den Familien verändern und das ist Ihnen gelungen.«

Gerade in solch eher schwierigen Situationen, in denen sich verschiedene Ansprüche gegenüberstehen, darf das übergeordnete Ziel, »etwas Gutes zu bewirken« oder einer (erste) »Verbesserung« innerhalb des (Familien-)Systems zu erzielen, nicht aus den Augen verloren werden.

Die systemische Sichtweise kann dabei helfen, die eigene Wirkfähigkeit einerseits zu relativieren und sie andererseits vom methodischen Vorgehen losgelöst zu beurteilen.

6.8 Entlastung von Therapeutinnen durch die systemische Sichtweise im Bereich Autismus

Die Erkenntnis, dass Familien komplex sind, dies auch bleiben und der Transfer der Inhalte aus der Förderung in den Alltag der Familien unterschiedlich gut gelingt bzw. womöglich sogar ganz anders verläuft als zunächst gedacht, kann enorm entlastend sein, gerade auch im Bereich Autismus.

Mithilfe der systemischen Beratung können die Fragen bezüglich der eigenen Wirksamkeit konkret erfasst und eingebracht werden. Es kann hierbei förderlich für die eigene Arbeitszufriedenheit sein, das »Prinzip der Zirkularität« (▶ Kap. 8) als Möglichkeit der eigenen Entwicklung zu betrachten. Bei Förderung und Therapie handelt es sich um eine Art Austausch-System, das Entwicklung auf beiden Seiten zulässt – auch die Therapeutinnen werden durch die Klienten geformt und beeinflusst in der täglichen Arbeit.

Die richtige Dosis

Eine systemische Beratung bietet eine besondere Art der Betrachtung von Problemen und Herangehensweise an Probleme an (▶ Kap. 5.3). Die systemische Sichtweise mit den entsprechenden Hintergründen allerdings tatsächlich zu verstehen, gänzlich zu verinnerlichen und in der Praxis umzusetzen, kann mitunter mehrere Jahre dauern und ist als Prozess zudem nie ganz abgeschlossen.

Bei Menschen, die diese Sichtweise (noch) nicht kennen, besteht die Gefahr, dass die Beratung zu Verwirrung führt oder auf Unverständnis stößt. Der Ansatz, dass Problemen z. B. auch ein »Nutzen« zugeschrieben wird, kann von manchen Personen u. U. als Zynismus aufgefasst werden. Probleme sind i. d. R. negativ konnotiert und Familien können sich, bei der Frage danach, ob es auch eine positive Funktion hinter den Problemen geben könnte, maximal unverstanden fühlen. Fingerspitzengefühl auf Seiten der Therapeutinnen ist hier also wichtig, ebenso wie ein Gespür für die richtige »Dosis« im Hinblick auf einen angemessenen und wirksamen Einsatz des eigenen Wissens.

Erfahrungsgemäß ist es meist nicht sinnvoll, der Theorie zu viel Raum zu geben, sondern stattdessen bestimmte Ideen einfach auszuprobieren. Wichtig dabei ist jedoch, die Wirkung des eigenen therapeutischen Handelns stets im Blick zu haben und diese Wirkung bei den Beteiligten auch regelmäßig zu überprüfen.

6.9 Grenzen der systemischen Therapie im Bereich Autismus

»Obwohl die Ressourcenorientierung gerne als Markenzeichen der systemischen Therapie verstanden wird (Schiepek, 1999; Sydow et al. 2007), wurde das Thema ›Familie und Behinderung‹ in der deutschsprachigen Literatur zur systemischen Therapie mit wenigen Ausnahmen vernachlässigt« (Retzlaff, 2016, S. 16).

Auch zum Thema »systemisches Arbeiten im Bereich Autismus« gibt es, wie bereits erwähnt, aktuell wenig Literatur. Die Frage, inwieweit Veröffentlichungen zum Thema »systemische Therapie mit Menschen mit Behinderung« (▶ Kap. 5.4) auf den Bereich Autismus übertragen werden können, muss künftig noch weiter untersucht werden.

Die Wirksamkeit der systemischen Therapie zur Behandlung unterschiedlicher Störungen wurde nachgewiesen. Die systemische Gesellschaft schreibt in einer Broschüre »Der systemische Ansatz und seine Praxisfelder« dazu:

»Im Jahr 2008 veröffentlichte der Wissenschaftliche Beirat Psychotherapie (WBP) sein Gutachten zur Wirksamkeit systemischer Therapie. Darin wird festgehalten, dass sich gemäß den Kriterien des WBP systemische Therapie in der Behandlung folgender Störungen als wirksam erwiesen hat: Affektive Störungen (F3), Essstörungen (F50), psychische und soziale Faktoren bei somatischen Krankheiten (F54), schädlicher Gebrauch und Abhängigkeit von Substanzen (F1, F55) sowie Schizophrenie und wahnhafte Störungen (F2). In der Therapie mit Kindern und Jugendlichen ist die Wirksamkeit systemischer Therapie gemäß den Kriterien des WBP belegt bei Affektiven Störungen (F3) und Belastungsstörungen (F43), Essstörungen und anderen Verhaltensauffälligkeiten mit körperlichen Störungen (F5), Verhaltensstörungen mit Beginn in der Kindheit und Jugend (F90 bis F92, F94, F98) und Tic-Störungen (F95), Persönlichkeits- und Verhaltensstörungen (F60, F62, F68 bis F69), Störungen der Impulskontrolle (F63), Störungen der Geschlechtsidentität und Sexualstörungen (F64 bis F66), schädlicher Gebrauch und Abhängigkeit von Substanzen (F1, F55) sowie bei Schizophrenie und wahnhaften Störungen (F2).« (Systemische Gesellschaft e. V., 2016)

Dass systemische Therapie auch im Bereich Autismus wirksam sein kann, wurde 2011 in einer Studie nachgewiesen. Insgesamt wurden 83 randomisiert kontrollierten Studien (RCT[8]) durchgeführt zur Wirksamkeit systemischer Therapie bei spezifischen Störungen des Kindes- und Jugendalters (von Sydow, 2015, S. 121). Diese Studien wurden zum Großteil in den USA durchgeführt. Eine dieser Studie befasste sich mit Autismus und belegt ein positives Ergebnis bezüglich des Nutzens systemischer Therapie in diesem Bereich. Insgesamt wurde festgestellt, dass die systemische Arbeit erfolgreich war in Bezug auf unterschiedliche Aspekte:

»Systemische Ansätze schnitten fast durchwegs erfolgreich ab – also besser als oder ebenso gut wie andere Interventionen (z. B. VT) oder besser als Wartegruppen/medizinische Routinebehandlungen.«[9] (von Sydow, 2015, S. 120).

Zudem zeigten die Untersuchungen die langfristige Wirksamkeit systemischer Arbeitsweisen von bis zu vier Jahren. Die Wirkung der systemischen Therapie

---

8 Engl.: *r*andomized *c*ontrolled *t*rial, ein Standardverfahren zur Durchführung von Untersuchungen
9 VT = Verhaltenstherapie

konnte auch bei Geschwisterkindern nachgewiesen werden, die ebenfalls an den Therapien teilnahmen. Diese waren »signifikant seltener straffällig geworden als die Geschwisterkinder der Vergleichsgruppe« (Wagner et al., 2014, zit. in von Sydow, 2015, S. 121)

Weiterhin konnten die Untersuchungen die im Vergleich zu anderen Verfahren niedrigen Kosten der systemischen Therapie nachweisen. Diese Zahlen stammen jedoch aus den USA. Entsprechende Vergleiche auch in Deutschland durchzuführen ist schwierig bis unmöglich, da die systemische Therapie zwar als wissenschaftlich wirksam, jedoch nicht als ein durch die Krankenkassen abrechenbares Verfahren anerkannt ist, was den Vergleich der entstandenen Kosten entsprechend unmöglich macht.

Diese Erkenntnisse zeigen das Potenzial des Einsatzes der systemischen Therapie auch im Bereich Autismus. Inwieweit die gewonnenen Erkenntnisse aus dem Kinder- und Jugendbereich in den USA auch auf erwachsene Menschen mit Autismus und auf die Behandlung von Familien mit einem autistischen Kind auch in anderen Ländern übertragbar sind, muss noch weiter untersucht werden. Eine Ursache für die Erfolgsaussichten stellt vermutlich auch die Genauigkeit dar, mit der die systemische Familientherapie jeweils angeboten wird.

Grenzen finden sich im Bereich Autismus auch mit Blick auf das Thema »Diagnose«. Wie bereits beschrieben, wird der Umgang mit Diagnosen gerade in diesem Bereich stark diskutiert. Problematisch für die praktische und konkrete Beratungsarbeit kann beispielsweise sein, wenn Diagnosen insgesamt infrage gestellt werden und es teilweise sehr abstrakte Überlegungen zum Thema »Erschaffung von Behinderung durch Sprache« dominieren.

Wird ein System, wie ein Diagnose- oder Klassifikationssystem, kritisiert oder sogar gänzlich abgelehnt, besteht allerdings immer auch die Gefahr, dass das Fehlen von Unterscheidung und »Gleichbehandlung« insofern missverstanden wird, dass nicht mehr individuell und situationsabhängig untersucht und bewertet wird, welche Unterstützung im jeweiligen Fall u. U. notwendig ist und wie diese angeboten werden kann. Eine solche Haltung kann zu Problemen führen, wenn es darum geht, Hilfe zu erhalten. Die Beantragung eines Schwerbehindertenausweises oder auch die Finanzierung einer Förderung sind nur zwei Beispiele, bei denen die gesicherte Diagnose sehr wichtig ist und auch entscheidend sein kann über den weiteren Verlauf und die »Gewährung« entsprechender struktureller Hilfen. Auch für die Auseinandersetzungen mit Kostenträgern wie Jugend- und Sozialämtern kann es entscheidend sein, deutlich machen zu können, welche Beeinträchtigungen mit Autismus einhergehen können. Hierfür ist eine eindeutige und für alle verständliche Sprache wichtig, die den Kostenträgern ermöglicht, Hilfemaßnahmen nach ihren Maßstäben zu beurteilen. Es ist im Rahmen von beratender und therapeutischer Arbeit folglich immer wieder wichtig, Probleme benennen zu können und Gründe zu »liefern«, weshalb und in welchen Bereichen Menschen mit Autismus Unterstützung benötigen. Diagnosen haben innerhalb der Hilfssysteme in Deutschland daher aus verschiedenen Gründen eine wichtige Funktion bzw. bilden die Grundlage für weitere Schritte.

Symptome, Diagnosen und die entsprechenden Diagnosen können komplexitätsreduzierend wirken. Wissen hierüber schafft Klarheit und bietet Wiedererkennungsmomente.

Die systemische Therapie bietet für den Bereich Autismus bisher nur ansatzweise Ideen für ein ganzheitliches Vorgehen, sodass eine Kombination mit anderen Methoden in der Förderung empfehlenswert erscheint. Eine Umstellung der Arbeit mit hauptsächlich autismusspezifischen Methoden auf eine »allgemeine systemische Therapie« könnte an vielen Stellen zu kurz greifen und wäre folglich nur begrenzt sinnvoll oder sogar schädlich. Zudem erteilen Kostenträger vermutlich keine Zusage für autismusspezifische Förderung, die rein systemisch ausgerichtet ist.

Die Grundannahme bzw. das Grundvertrauen der systemischen Therapie darauf, dass Menschen grundsätzlich dazu in der Lage sind einschätzen zu können, was für sie passend ist und dass sie über ausreichende Ressourcen verfügen, Veränderungen anzugehen und für sich zu lösen, muss – mit Blick auf die Diversität im Autismus-Spektrum – kritisch hinterfragt werden. Nicht alle Menschen mit Autismus verfügen ohne Weiteres über entsprechende Ressourcen und benötigen eine andere Unterstützung. Dies zeigt sich beispielsweise auch im Umgang mit selbstgefährdenden und schädigenden Verhaltensweisen, die, um sie zu minimieren und zu verhindern, eine konkrete Unterstützung und Anleitung notwendig machen.

Systemische Therapeutinnen sollten im Bereich Autismus behutsam vorgehen und ihre Methoden sorgfältig abwägen. Wenn sie keine oder nur wenig Erfahrung im Bereich Autismus haben, ist es ratsam, das Thema Autismus im Vorfeld einer möglichen Therapie anzusprechen und z. B. den Eltern spezifische Fragen zu stellen, was für einen guten Verlauf zu beachten wäre. Ein offener Umgang mit diesem Thema kann erfahrungsgemäß eine gute Resonanz bei den Eltern hervorrufen. Sie fühlten sich ernst genommen und sind in der Regel immer gerne bereit, Informationen als »Experten in eigener Sache« weiterzugeben. Die Rahmung sollten systemische Therapeutinnen also sehr gut vorbereiten und dabei – ganz im Sinne des systemischen Ansatzes – »alle im Blick haben«.

6.10 Systemische Therapie und Autismus-Therapie im Wandel

Die Autismus-Therapie hat sich im Laufe der Jahre stark gewandelt. Viele Förder- und Beratungsstellen bieten ein sehr breites Spektrum an Unterstützungsmöglichkeiten für Menschen mit Autismus und deren Bezugspersonen an. Diese Menschen profitieren von *unterschiedlichen* Angeboten und benötigen einen geschulten Blick, damit alle Bereiche erfasst werden, in denen u. U. Hilfe gewünscht und angebracht ist.

Durch die Diversität innerhalb der Klientel integrieren mittlerweile die Vielzahl der Förder- und Beratungsstellen pragmatisch Ideen und Methoden aus unterschiedlichen Richtungen und passen die Förderung individuell an die jeweiligen Situationen an. Die Einbeziehung des Umfeldes wird konkret durch Hospitationen der Eltern in den Förderungen, Elterngesprächen, Helferkonferenzen und andere Maßnahmen gewährleistet.

Kaum ein Ansatz wird so eingesetzt, dass nur die Kinder unterstützt werden und allein dadurch eine Verbesserung der generellen Gesamtsituation verfolgt wird. Die Transparenz der Inhalte der Förderung den Eltern gegenüber ist insgesamt sehr hoch, auch werden sie – wenn möglich und sinnvoll – einbezogen. »Eltern als Partner« ist ein grundlegendes Prinzip der Arbeit nach dem TEACCH-Ansatz (Häußler, 2016; ▶ Kap. 5.1). Auch bei anderen Ansätzen wie ABA (▶ Kap. 5.1) stehen die Eltern mit im Fokus der Förderung – sie werden beispielsweise angeleitet, die Inhalte der Förderung zuhause weiter umzusetzen und in ihren Alltag zu übertragen.

Die Vorgehensweise in der Förderung hat sich im Laufe der Jahre im Zuge der Entstehung unterschiedlicher Ansätze stark weiterentwickelt und verändert. Konkret sei hier das Beispiel »Bestrafungen« genannt, die – aufgrund der mittlerweile geltenden Erkenntnis, dass Menschen immer positiver auf ein »Ja« als auf ein »Nein« reagieren – aus dem Arbeitsalltag vieler Förder- und Beratungsstellen heute wieder fast gänzlich verschwunden sind.

Auch der Umgang mit dem Therapiesetting hat sich gewandelt. Waren diese Settings –vermutlich durch den Ursprung therapeutischer Settings in Form einer Testungssituation im medizinisch/klinischen Kontext – zunächst stark strukturiert und von Lernsituationen »am Tisch« geprägt, erfolgen Therapien aktuell häufig auch »vor Ort« in den Familien oder direkt in der Schule. Die Transparenz der Förderarbeit hat auch auf diese Weise stark zugenommen.

Die Wertschätzung für eigene Impulse und die Mitbestimmung durch die Klienten ist insgesamt erfahrungsgemäß sehr hoch, ebenso wie das Bestreben, Ziele nach Möglichkeit aus eigener Motivation der Klienten heraus zu formulieren und zu erreichen.

Ressourcen werden in der aktuellen Förderarbeit konkret als Ausgangspunkt genommen, um bestimmte Fähigkeiten zu verbessern. In vorgeschalteten Testungsverfahren werden »gekonnte Ausführungen« und »teilweise gekonnte Ausführungen« miterhoben. Eine Förderung fokussiert oft auf die »teilweise gekonnten Ausführungen« als Ausgangspunkt für die weitere Unterstützung.

Die Ausrichtung der gesamten Förderung ist stark am Alltag der Geförderten orientiert, ob es nun ein Problem mit dem Anziehen der Jacke gibt, das Eintragen der Hausaufgaben in das entsprechende Heft Schwierigkeiten bereitet oder ein Kuchen gebacken werden soll – all dies kann in den jeweiligen Förderungen bearbeitet und unterstützt werden.

Durch die Erhebung des »teilweise Gekonnten« kann in der Förderung auch an denjenigen Fähigkeiten oder Kenntnissen angesetzt werden, die – wenn auch noch nicht vollständig erlernt – grundlegend wichtig für die Bewältigung des Alltags sind. Der Fokus auf sehr spezifische und von den Fachkräften als wichtig erachtete Fähigkeiten wird somit relativiert und das Vorgehen individuell konkretisiert. Die Frage danach, warum in einer bestimmten Art und Weise vorgegangen wird und aus welchem Selbstverständnis Therapeutinnen handeln, ist hier präsent. Entscheidend ist, dass Fähigkeiten nicht »ohne guten Grund« entwickelt und geübt werden sollen, sondern diese immer einen Bezug zum tatsächlichen Leben und dem individuellen Wohlbefinden des Menschen mit Autismus haben sollten.

Ressourcen werden in der Autismus-Therapie beispielsweise durch Methoden wie den »Kompetenzmappen« (Schatz & Schellbach, 2005) und dem »Kompetenz-Schlüssel« (Häußler, 2017) oder auch durch »Ich bin was Besonderes« (Vermeulen, 2018) erhoben. Meist erhalten Klientinnen hier den Auftrag, ihr Umfeld danach zu befragen, was sie gut können und wofür man sie schätzt.

Retzlaff (2016) beschreibt, dass es insgesamt sehr wichtig sei, neben den Problemen immer auch die Fähigkeiten bei Menschen mit Behinderung zu sehen. Hierzu verweist er auf die »Internationale Klassifikation der Funktionsfähigkeit, Behinderung und Gesundheit« (International Classification of Functioning, Disability ans Health; ICF; WHO, 2001), ein neues Klassifikationssystem der Weltgesundheitsorganisation WHO, das diverse menschliche Fähigkeiten und deren Ausprägungen berücksichtigt, mit dem klaren Anspruch, nicht nur Defizite, sondern – im Sinne einer expliziten Ressourcenorientierung – auch Kompetenzen und Fertigkeiten zu erfassen.

Die möglicherweise positive Wirkung von Diagnosen sollte beachtet werden. »Eine richtige diagnostische Einschätzung kann Eltern von der Suche nach immer weiteren Therapiemöglichkeiten abhalten und Schuldgefühle nehmen.« (Sarimski, 1997, zit. in Retzlaff, 2016, S. 30).

Bei bestätigtem Verdacht keine Diagnose zu vergeben, kann Konsequenzen mit sich bringen: »Ein Handicap löst sich durch psychologische Interventionen nicht einfach auf. Die Diagnosestellung hat soziale Folgen, die nachteilig sein können; dies gilt umgekehrt aber auch für den Verzicht auf eine Diagnose. Diagnosen sind nicht an sich schlecht oder gut« (Retzlaff, 2016, S. 22).

Retzlaff (2016) beschreibt die Entwicklung innerhalb der systemischen Therapie in Bezug auf das Thema Krankheit und Behinderung:

> »Lange Zeit wurden der Körper und die Ebene somatischer Prozesse und damit auch Krankheit und Behinderung als relevante Systemaspekte in der systemischen Therapie vernachlässigt […] Diagnosen wurden primär als soziales Konstrukt verstanden und weniger als eine Beschreibung objektiver Merkmale einer Person« (S. 22).

Eine Orientierung an den Ressourcen dürfe aber nicht den Eindruck entstehen lassen, dass es keine (biologischen) Unterschiede gäbe (Retzlaff, 2016).

Der Autor betont, dass es für Familien mit Kindern mit Behinderung hilfreich ist, Unterstützung zu suchen, aber auch essentiell, dass sie ihre eigenen Ziele und Bedürfnisse nicht aus den Augen verlieren:

> »Familien, die soziale Unterstützung zum Beispiel von Beratungsstellen, Frühfördereinrichtungen oder familienentlastenden Diensten annehmen können, kommen insgesamt besser zurecht. Dabei ist wichtig, sich ›nicht das Heft aus der Hand nehmen zu lassen‹ gegenüber Helfern selbstbewusst aufzutreten und die eigene Autonomie zu behalten« (Patterson 1991a, zit. nach Retzlaff 2016, S. 103).

Fazit

Wie gezeigt werden konnte, gibt es sowohl »Schnittstellen« als auch Unterschiede zwischen den Bereichen. Erstere zu finden und nutzbar zu machen, sollte stets ein wichtiges Ziel sein. Allerdings lässt sich auch von letzteren profitieren, z. B. indem Fachkräfte mit unterschiedlichen »Kernkompetenzen« voneinander lernen.

Verhaltenstherapeutinnen können von den systemischen Therapeutinnen lernen, ihre Arbeit zu reflektieren und regelmäßig zu hinterfragen, auf welcher Grundlage und wessen Initiative hin gerade gearbeitet wird bzw. inwieweit dynamische Wechselwirkungen zwischen verschiedenen Beteiligten Auswirkungen auf die Förder-/Therapiearbeit haben.

Systemische Therapeutinnen können von den Verhaltenstherapeutinnen lernen, auf die Struktur zu achten, hin und wieder vorgebend zu intervenieren und in der Therapie klare Zielsetzungen zu verfolgen. Auch eine positive Sichtweise auf Evaluationsprozesse kann übernommen werden.

Die Beispiele aus der dargestellten Literatur lassen erkennen, dass es durchaus pragmatisch lösungsorientierte systemische Ansätze gibt, die sich vor allem an der Umsetzung der systemischen Ideen und Theorien in den konkreten Aufgabengebieten orientieren.

7 Systemische Beratung

In diesem Kapitel wird die Entstehung der Supervision und der systemischen Supervision beschrieben. Zudem wird der Unterschied zwischen Therapie und Supervision und der Unterschied zwischen Fachberatung und Supervision herausgearbeitet.

7.1 Hintergrund Supervision

Supervision ist ein Beratungsformat für arbeitende Menschen, dessen Ursprünge in der Sozialarbeit in England und in den USA liegen (Neumann-Wirsig, 2013; van Kaldenkerken, 2014).

In der Zeit der Industrialisierung Ende des 19. Jahrhunderts veränderte sich die Arbeitswelt sehr stark und die Belastung und das Elend in vielen Arbeitsbereichen nahmen zu. Hilfsorganisationen kümmerten sich ehrenamtlich um die Unterstützung der Arbeitenden als sogenannte »friendly visitors«. Die ehrenamtlichen Helfer wurden wiederum durch einige geringfügig bezahlte Helfende in der Ausübung ihrer Arbeit kontrolliert – beispielsweise durch eine Kontrolle der konkreten finanziellen Ausgaben für ihre Klienten. Die Begleitung wurde später auch für psychosoziale Aspekte in der Arbeit der »friendly visitors« geöffnet, sodass diese ihre Fälle besprechen konnten. Dies waren die ersten Supervisionen in den USA.

7.2 Systemische Supervision

Supervision ist nicht die Arbeit, sie ist das Reflektieren der eigenen Arbeit. Durch das Berichten über die eigene Arbeit wird diese sozusagen zu einer Beobachtungssituation. Indem Helferinnen ihre Fälle in der Supervision besprechen, bewegen sie sich durch die Reflexion ihres Handelns automatisch in der Beobachtung 2. Ordnung, also der »Beobachtung der Beobachtung« (▶ Kap. 5.2, Kybernetik).

Mittlerweile ist systemische Supervision ein weit verbreitetes stark professionalisiertes Beratungsformat. Ursprünglich aus dem Sozialbereich stammend und dort auch nach wie vor fest verankert, haben systemische Supervisorinnen mit ihren Kompetenzen weitere Bereiche erschlossen, sodass sie beispielsweise auch Unternehmensberatung oder Karriereplanung anbieten.

> »Supervision ist ein wissenschaftlich fundiertes, praxisorientiertes und ethisch gebundenes Konzept für personen- und organisationsbezogene Beratung in der Arbeitswelt. Sie ist eine wirksame Beratungsform in Situationen hoher Komplexität, Differenziertheit und dynamischer Veränderungen. In der Supervision werden Fragen, Problemfelder, Konflikte und Fallbeispiele aus dem beruflichen Alltag thematisiert.« (Deutsche Gesellschaft für Supervision, 2012, S. 8)

7.3 Abgrenzung Therapie und Supervision

Prozesse in der Therapie unterscheiden sich von Supervisionsprozessen. Therapie behandelt Themen, die im Zusammenhang mit der eigenen Person oder einer speziellen Situation relevant sind und die Klienten stark beschäftigen oder belasten. Die Therapeutin fokussiert z. B. durch Nachfragen auf diese Themen und unterstützt die Ratsuchenden bei der Bearbeitung.

In der Supervision stehen die Ratsuchenden als arbeitende Menschen im Vordergrund. Supervision bearbeitet Anliegen, die mit Arbeit zu tun haben. Die eigene Person bleibt nicht außen vor, wird jedoch stets vor dem Hintergrund der Arbeitssituation und den damit zusammenhängenden Fragen und Anliegen betrachtet.

Supervision wird grundsätzlich wirksam an der Schnittstelle zwischen Individuum, Organisation und den eigenen Kompetenzen (▶ Abb. 7.1).

Wie beschrieben, stellt Supervision nicht die Arbeit selbst dar, sondern bietet einen Raum »über die Arbeit« zu reflektieren. Dies wird auch im Bild des gläsernen Bodens (▶ Abb. 7.2) anschaulich. Die Teilnehmenden begeben sich unter Anleitung der Supervisorin auf den »gläsernen Boden« und betrachten aus einer anderen Perspektive individuell oder gemeinsam die eigene Arbeit.

Um Supervision zielgerichtet und auch überprüfbar zu gestalten, sind konkrete Absprachen wichtig hinsichtlich der jeweiligen Veränderungswünsche und Ziele. Diese werden zu Beginn des Prozesses mit allen Beteiligten besprochen und festgehalten. Eine Möglichkeit hierfür ist der Abschluss eines »Dreieckskontrakts« (▶ Abb. 7.3). »Ein Dreieckskontrakt bedeutet eine transparente und gemeinsame Auftragsklärung des Rat suchenden Systems (Supervisanden), der Leitung als Vertretung der Organisation und der Supervisorin« (van Kaldenkerken, 2014, S. 91).

Für van Kaldenkerken (2014) ist der Abschluss eine Dreieckskontraktes notwendiger Bestandteil der Zusammenarbeit. Bedenken und Zweifel an einer entsprechenden Vereinbarung können vor allem von Seiten des Teams geäußert

7.3 Abgrenzung Therapie und Supervision

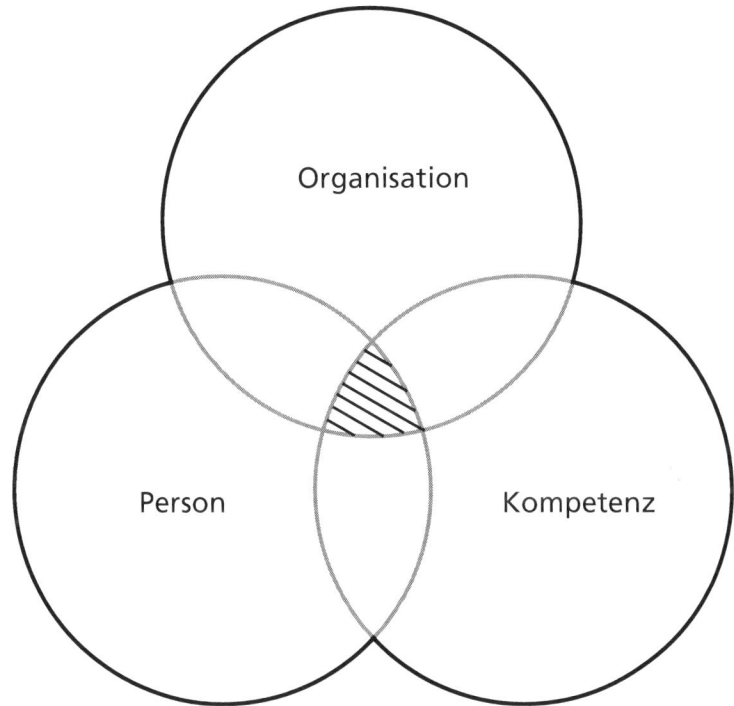

Abb. 7.1: Wirkbereich Supervision

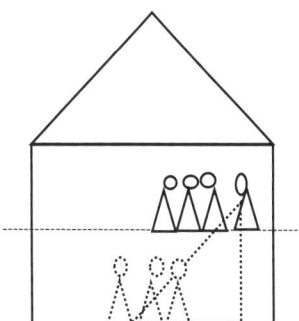

Abb. 7.2: Der gläserne Boden

werden, wenn klar wird, dass Informationen den einen »Raum« (das Team) auch in einen anderen »Raum« (z. B. die Leitungsebene) verlassen und welche Konsequenzen dies möglicherweise hat. »Es gehört jedoch zum Standard guter Supervision, die Organisation in den Prozess zu integrieren und Dreieckskontrakte zu vereinbaren« (van Kaldenkerken, 2014, S. 91).

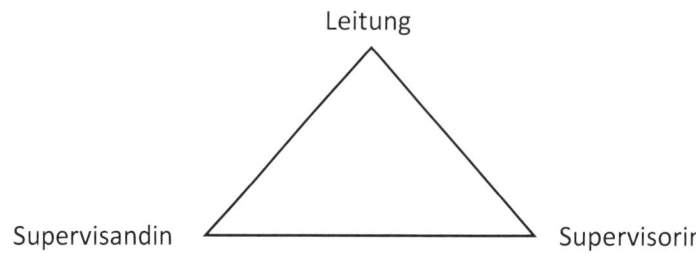

Abb. 7.3: Der Dreieckskontrakt

7.4 Abgrenzung Fachberatung und Supervision

»Supervisorinnen und Supervisoren verfügen über arbeitsweltbezogenes Strukturwissen und können prinzipiell in allen Branchen tätig werden. Dennoch kann für bestimmte Aufträge spezielles Know-How notwendig sein, zum Beispiel in der Fach- und Fallberatung oder in Arbeitsfeldern mit besonderer organisatorischer oder kultureller Prägung: Schule und Hochschule, Kirche, Klinik, Verwaltung, Startup oder Ehrenamt.«
(Homepage des Supervisionszentrums Berlin)

Die eindeutige Abgrenzung zwischen den Beratungsformaten »Fachberatung« und »Supervision« ist sinnvoll, weil hiermit mehrere relevante und sehr grundlegende Fragestellungen verknüpft sind – beispielsweise danach, welche Rolle Beraterinnen einnehmen in einem Prozess, und welche Themen bearbeitet werden (▶ Tab. 7.1).

Tab. 7.1: Der Unterschied zwischen Fachberatung und Supervision

Fachberatung	Supervision
Feldkompetenz notwendig	Feldkompetenz nicht notwendig
Grundthema vorbestimmt	kein Grundthema vorbestimmt
Fallberatung kann fallbezogen (am Verhalten des Klienten orientiert) bearbeitet werden	Fallberatung unter Einbeziehung der eigenen Anteile und in Bezug auf dahinterliegende strukturelle Beobachtungen
Anliegen vorhersagbar (Fallarbeit)	Anliegen werden bei jedem Termin neu gesammelt
Tipps und Antworten auf Fragen geben ist passend	»Es nicht besser wissen« – durch Fragen zur eigenen Antwort helfen
Input/Fortbildung passend	Input/Fortbildung unpassend
Überprüfung der besprochenen nächsten Schritte beim nächsten Termin	Supervisandin entscheidet selbst, was mit den Anregungen geschieht

Fachberatung wird durch erfahrene Fachkräfte angeboten, die eigene Arbeitserfahrung in dem konkreten Kontext mitbringen. In diesem Beratungsformat geht es immer um ein bestimmtes »Thema« oder einen bestimmten »Schwerpunkt«. Üblicherweise steht in der Fachberatung der Klient im Fokus.

Supervision ist ursprünglichen als ein Beratungsformat für arbeitende Menschen entwickelt worden. Anders als in der Fachberatung geht es in der Supervision vorwiegend um die Person, die ein Anliegen aus dem beruflichen Alltag bearbeiten möchte.

Der Unterschied zwischen Fachberatung und Supervision lässt sich also einerseits an dem konkreten Kontext der Beratung festmachen und andererseits daran, wer im Fokus der Beratung steht – der Klient oder die Mitarbeiterin (▶ Abb. 7.4).

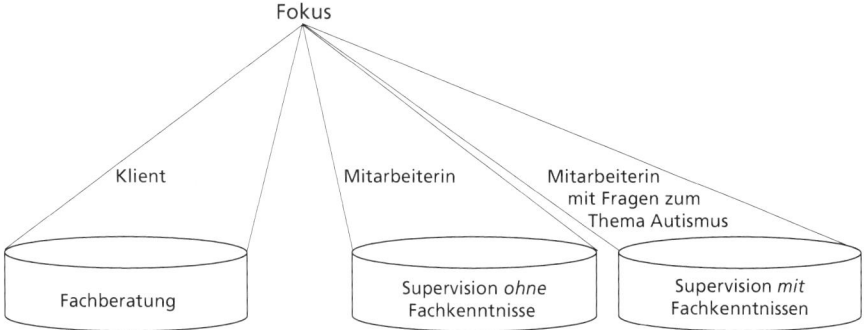

Abb. 7.4: Fokus Fachberatung und Supervision im Bereich Autismus mit und ohne Fachkenntnisse

Je nach unterschiedlichem Blickwinkel und Thema, können konkrete Fragen und Anliegen in verschiedenen Beratungsformaten bearbeitet werden (▶ Tab. 7.2).

7.5 Fachberatung im Bereich Autismus

Fachberatung wird im Bereich Autismus u. a. durch Förder- und Beratungsstellen angeboten. Dieses Angebot richtet sich an Mitarbeiterinnen unterschiedlicher Einrichtungen wie z. B. Kindergärten, Schulen oder Werkstätten.

Für die Fachberatung ist das Wissen um das betreffende Thema Grundvoraussetzung. Zudem sind Methoden für Wissensvermittlung und die Fähigkeit, die Beratung in ihrem Prozess in Gänze zu gestalten, notwendig.

Für die Beratung im Bereich Autismus ist es zudem wichtig, dass die Beraterinnen eine Haltung gegenüber bestimmte Grundannahmen herausgebildet haben und sich dieser Haltung bewusst sind. Dies kann Themen umfassen wie z. B.

- Autismus als Behinderung
- Autismus als Besonderheit
- Wirksamkeit der Methoden in der Förderung
- Ursachen von Autismus
- Häufigkeit von Autismus

Tab. 7.2: Auswahl möglicher Anliegen für die Beratung und Verteilung in die unterschiedlichen Beratungsformate

Anliegen	Fach-beratung	Supervision mit Fach-kenntnis	Supervision ohne Fach-kenntnis
Ziele für die Förderung formulieren	X		
Erstellung konkreter Hilfsmittel	X		
Auswertung der Förderziele	X	X	
Fragen zu bestimmten Methoden	X	X	
Übertragung der Förderinhalte in einen weiteren Kontext	X	X	
Krise bei einem Klienten	X	X	X
Kooperation mit Eltern	X (Anleitung)	X	X
Konflikte in der Zusammenarbeit mit Eltern		X	X
Konflikte im Team		X	X
Zusammenarbeit im Team		X	X
Reflexion bezüglich Zufriedenheit im »Job«		X	X
Hohe Belastung durch die Arbeit		X	X

Ein Unterschied zwischen Fachberatung und Supervision ist, dass in der Fachberatung die Klienten oder das Thema (in diesem Fall »Autismus«) zentral im Mittelpunkt stehen, in der Supervision die eigene Arbeit insgesamt, also auch die Mitarbeiterin und ihr eigenes Handeln reflektiert werden. Supervisorinnen können folglich auch Fachberatung anbieten, Fachberaterinnen aber keine Supervision.

> Eine Gruppe von Mitarbeiterinnen einer Wohnstätte für Menschen mit Autismus erstellt eine »Auswahlhilfe für Aktivitäten am eher unstrukturierten Sonntag« für einen Bewohner. Der Bewohner hat Schwierigkeiten, seine Freizeit zu gestalten. Längere Phasen von unstrukturierter Zeit bewirken bei ihm Frustration. Die Mitarbeiterinnen fertigen Fotos von beliebten Aktivitäten wie u. a. »Schwimmen gehen« oder »Entspannung in der Hängematte« an. Diese werden laminiert und – mit Klettband versehen – auf einer Teppichfliese an-

geheftet. Daneben hängt eine Holzleiste mit Klettstreifen. Der Bewohner hat dann die Aufgabe, aus der Auswahl auf der Teppichfliese unterschiedliche Aktivitäten auszuwählen und diese untereinander auf der Holzleiste anzuordnen. Durch die Auswahl soll der Bewohner unterstützt werden, die Aktivitäten nacheinander durchzuführen und auf diese Weise seine Freizeit strukturiert zu gestalten. In der Fachberatung wird auf die Einhaltung fachlicher Standards bei der Anfertigung der Auswahlhilfe geachtet. Die Beraterin zeigt Beispiele anderer Hilfen und beantwortet konkrete Fragen der Mitarbeiterinnen. Nach der Erstellung wird diese Auswahlhilfe dann im Alltag »getestet« und beim nächsten Beratungstermin gemeinsam ausgewertet.

Eine kompetente Fachberatung zeichnet erfahrungsgemäß durch Folgendes aus:

- (Fach-)Kompetenz der Beraterin
- Praxiserfahrung der Beraterin
- Kontextbezogenheit der Beratung
- Beachtung der Grenzen des Formates Fachberatung
- Die Tätigkeit der zu Beratenden werden in einen größeren Gesamtkontext gestellt
- Rahmenbedingungen der Arbeit sind bekannt
- passendes Anliegen für die Fachberatung
- Bereitschaft zur Selbstreflektion der Ratsuchenden

Konzept für eine Fachberatung »Autismus« für Einzelfallhelferinnen

Die Mitarbeiterinnen eines Trägers, der schwerpunktmäßig Einzelfallhilfe und Betreutes Einzelwohnen anbietet, arbeiten mit jeweils unterschiedlichen Stundenumfängen und begleiten Kinder, Jugendliche, und Erwachsene mit diversen Behinderungen und Beeinträchtigungen im Alltag. Die Häufigkeit des Themas Autismus hat in den Anfragen stark zugenommen, woraufhin sich der Träger entschließt, ein Fachteam für die Mitarbeiterinnen, die mit den Klienten mit Autismus zusammenarbeiten, zu bilden und sich hierfür an eine Beratungsstelle wendet

Da sich der Beginn der gemeinsamen Treffen etwas »zäh« gestaltet und die Teilnehmerinnen unter Druck geraten, wenn der Berater nach mitgebrachten Anliegen für das gemeinsame Treffen fragt, geht dieser bald dazu über, in die Termine zunächst mit einem von ihm vorbereiteten Input zu starten, der i. d. R. zwischen 30 und 90 Minuten dauert. Die Themen dieser Übungen werden mit der Gruppe und der Leitung der Gruppe abgestimmt und langfristig festgelegt.

Auswahl von Input-Themen:

- Grundlagen Autismus
- Wahrnehmungsbesonderheiten im Bereich Autismus
- Umgang mit herausfordernden Verhaltensweisen

- Sexualität und Partnerschaft
- Besonderheit von der Begleitung pubertierender Klienten
- Förderung der sozialen Kompetenzen
- Förderung nach dem TEACCH-Ansatz
- Auftragsklärung
- Komorbiditäten

Als Struktur bewährt sich in dieser Gruppe, die Hälfte der Zeit der insgesamt dreistündigen Termine für den Input zu reservieren und im Anschluss konkrete Fälle des Teams mit einer aktuellen Relevanz zum behandelten Thema zu besprechen.

Diese Kombination erweist sich als erfolgreich. Den Teilnehmenden fällt es durch diese Struktur leichter, eigene Problemstellungen einzubringen, die gemeinsamen Diskussionen wirken sich förderlich auf die Zufriedenheit und das Zusammengehörigkeitsgefühl innerhalb dieses Fachteams aus.

Folgende Aspekte werden von den Teilnehmerinnen in ihrer Rückmeldung nach Abschluss der Fachberatung als besonders hilfreich hervorgehoben:

- Neue Impulse für die eigene Arbeit
- Qualitätssicherung der eigenen Arbeit durch die Teilnahme an den Fachteams
- Stärkung des Gruppengefühls durch gemeinsame Lösungssuche
- Entlastung durch die Besprechung herausfordernder Situationen

7.6 Abgrenzung systemische Beratungsarbeit

Systemische Beratung zeichnet sich dadurch aus, dass sie keine »fertigen Lösungen liefert«. Systemische Beraterinnen verfügen über eine Prozesskompetenz und sind in der Lage, Beratungsprozesse zu strukturieren. Sie bieten dazu unterschiedliche Methoden (▶ Kap. 7.7.4) an und richten ihre Arbeit insgesamt darauf aus, die Anfragenden bei der Lösungsfindung zu unterstützen. Anders als in der »Expertenberatung« gehen systemische Beraterinnen ohne eigene Ideen zur Lösung der Probleme in die Beratungsarbeit (▶ Abb. 7.5).

Wie die Lösungen der benannten Probleme konkret aussehen und wann ein Ziel erreicht wurde, ist ebenfalls durch die Anfragenden zu beantworten. Folglich definieren diese auch ihren eigenen Bedarf bezüglich der Unterstützung. Hier entspricht das Vorgehen den Grundlagen der Kurzzeittherapie (▶ Kap. 5.1). Die Verantwortungen innerhalb des Beratungssystems sind u. U. anders gewichtet als in anderen Beratungsformaten (▶ Tab. 7.3).

Tab. 7.3: Verteilung der Verantwortung innerhalb der systemischen Beratung

Verantwortung für	Beraterin	Ratsuchende
Rahmung (Zeit, Raum, Gesprächsstruktur)	X	
Gesamtprozess	X	
Regelmäßige Auswertung	X	
Methodenauswahl	X	
Themen		X
Zieldefinition		X
Zielerreichung		X

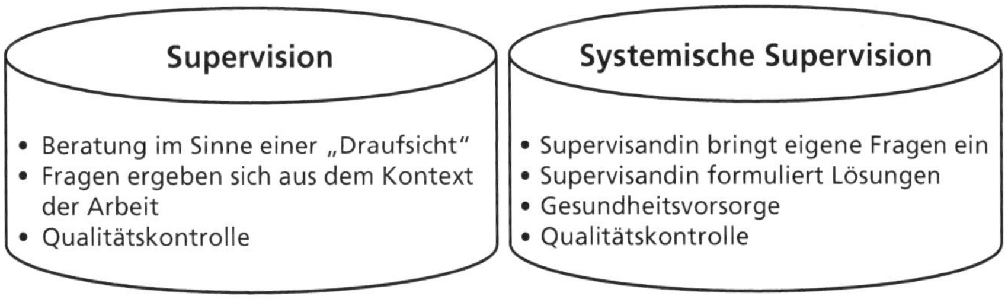

Supervision
- Beratung im Sinne einer „Draufsicht"
- Fragen ergeben sich aus dem Kontext der Arbeit
- Qualitätskontrolle

Systemische Supervision
- Supervisandin bringt eigene Fragen ein
- Supervisandin formuliert Lösungen
- Gesundheitsvorsorge
- Qualitätskontrolle

Abb. 7.5: Unterschied Supervision und systemische Supervision

7.7 Supervision im Bereich Autismus

Im Bereich Supervision werden andere Themen als in der Fachberatung behandelt und auch die Rolle einer Fachberaterin unterscheidet sich von der einer Supervisorin (▶ Kap. 7.4)

Im Bereich Supervision werden andere Themen als in der Fachberatung behandelt und auch die Rolle einer Fachberaterin unterscheidet sich von der einer Supervisorin (▶ Kap. 7.4)

Im Mittelpunkt der Supervision steht der arbeitende Mensch im Umfeld seiner Organisation. Supervision im Bereich Autismus kann spezifische Themen behandeln, die besonders in diesem Bereich relevant sind (▶ Kap. 3). Hier können also Themen wie »Belastung der Mitarbeitenden durch die Arbeit nach einer spezifischen Methode« oder »Typische Herausforderungen für die Mitarbeitenden im Bereich Autismus« bearbeitet werden.

Zu Beginn der Zusammenarbeit zwischen der Supervisorin und den Supervisandinnen gilt es die richtige »Passung« zu erreichen zwischen dem, was die Anfragenden wünschen und wie dies mit den konkreten Angeboten harmoniert. Sollte keine Passung erreicht werden, ist es wichtig, Anfragende auch diesbezüglich zu beraten.

Beraterinnen im Bereich Autismus erreichen eine hohe Kundenzufriedenheit, wenn sie ihre Angebote klar kommunizieren und abgrenzen können gegenüber anderen Formaten. In der Auftragsklärung ist es dann auch möglich, die Anfragenden bezüglich des passenden Beratungsformates zu beraten (▶ Kap. 7.4).

7.7.1 Wie kann Supervision im Bereich Autismus wirksam sein?

Wie bereits beschrieben (▶ Kap. 7.4), erleben es Teilnehmerinnen von Supervisionsgruppen oftmals als entlastend und hilfreich, wenn die Supervision durch eine Person begleitet wird, die fachspezifisches Wissen und praktische Erfahrungen mitbringt.

Von Vorteil können Kenntnisse im Bereich Autismus für die Supervisorin im Hinblick auf die verwendete Sprache und das Fachvokabular einer Gruppe sein. Bestimmte Herausforderungen oder Probleme, die in der Supervision thematisiert werden, hängen u. U. mit arbeitspraktischen Begebenheiten zusammen, wie beispielsweise die Frage danach, welche Methode wie umgesetzt werden soll und wie sich das Team positioniert. Je nachdem, wie weit entsprechende Diskussionen führen, fällt es einer Supervisorin eventuell schwer, Hintergründe zu verstehen oder zugespitzte Gespräche einzuordnen, wenn das autismusspezifische Wissen fehlt.

Das Wissen um die Besonderheiten im Bereich Autismus und die eigenen Erfahrungen ermöglichen es Supervisorinnen Teilnehmerinnen die Botschaft zu vermitteln, dass ihre Erlebnisse mit Menschen mit Autismus durchaus normal sind und andere Fachkräfte vor ähnlichen Herausforderungen stehen. Das kann einerseits die Beziehungsebene in der Supervision stärken und andererseits entlastend wirken für Teilnehmerinnen, die Ursachen für Probleme eher bei sich selber suchen.

Eine gewisse Gefahr bei einer Supervisorin mit Feldkompetenz besteht darin, vorschnell Annahmen herauszubilden, was die Supervisandinnen erzählen bzw. wie sie reagieren werden. Dies kann zur Folge haben, dass sie die Geschichte »in ihrem Sinne« weiterdenkt und auf diese Weise die Verankerung in die systemische Arbeit zu verlieren droht.

Gerade bei der Auftragsklärung am Anfang einer möglichen Zusammenarbeit ist es sinnvoll als Supervisorin die eigene Unkenntnis in einem Fachgebiet offen zu kommunizieren. Beide Seiten sollten die Möglichkeit haben, sich für oder auch gegen eine Zusammenarbeit zu entscheiden. Eine offene Kommunikation bezüglich (fehlender) eigener Felderfahrung unterstützt darin, keine falschen Erwartungen auf beiden Seiten entstehen zu lassen. Supervisorinnen, die ohne vorherige Erfahrung im Autismusbereich arbeiten, sollten generell sehr ernsthaft auf die Äußerungen der Teilnehmerinnen eingehen und diese als Basis ihrer Arbeit einstufen.

Autismusspezifisches Wissen ist an sich noch kein Garant für eine erfolgreiche Zusammenarbeit in der Supervision. Es hängt immer auch vom jeweiligen Prozess und den Bedarfen der Teilnehmerinnen ab. So kann es bei einem Team im Bereich Autismus beispielsweise darum gehen, die Kommunikation über »schwierige Themen« anzuregen. In einem entsprechenden Prozess sind dann Kompetenzen zu Themen wie Empathie, Allparteilichkeit[10] und »aktivem Zuhören« oder Perspektivwechsel gefragt.

Supervisorinnen strukturieren in erster Linie Prozesse und weniger die besprochenen Themen selber. Auch eine »kniffelige« Situation in der Supervision mit einem Team aus dem Autismus-Bereich kann gänzlich unproblematisch verlaufen, wenn sich die Supervisorin auf ihr Wissen um die Bearbeitung von Konflikten und ihr Können in Bezug auf Gesprächsführung konzentriert. Gerade die systemische Herangehensweise kann durch gezielte Fragestellungen und Angebote hilfreicher Tools (▶ Kap. 7.7.5) Unterstützung bei der Lösungsfindung bieten.

Tatsächlich ist das Vorhandensein von ausgeprägtem Fachwissen zum Thema Autismus und Supervisionserfahrung in der Beratungspraxis aufgrund des hohen Spezialisierungsbedarfes eher selten. Einrichtungen wie Kitas, Schulen, Wohnstätten und Förderstellen berichten von der hohen und weiterwachsenden Bedeutung des Thema Autismus. Die dort arbeitenden Fachkräfte benötigen Beratung, die sie bestmöglich unterstützt. Es wäre daher sehr wünschenswert, dass sich mehr Supervisorinnen für diesen Bereich öffnen und die Angebote der systemischen Beratung in diesem Bereich ausgeweitet werden.

Supervision kann in zwei Richtungen wirksam sein – indem sie Komplexität erhöht und indem sie diese reduziert (▶ Tab. 7.4, ▶ Tab. 7.5). Beides kann passend und richtig sein und muss durch die Supervisorin entsprechend der konkreten Beratungssituation entschieden werden.

Tab. 7.4: Beispiele für Komplexität erhöhende Interventionen

Beratungssituation	Komplexität *erhöhende* Intervention
Eine Mitarbeiterin aus dem Bereich Förderung beschreibt eine Situation in der ihr Klient keine Motivation zeigt, sich auf ein angebotenes Spielmaterial einzulassen. Sie kenne dieses Verhalten bereits und habe sich damit abgefunden, dass sie dieses Material nicht mehr anbieten könne.	Mögliche Fragen: Wie beschreiben denn die Eltern das Verhalten des Klienten? Was würde der Klient sagen, wenn wir ihn fragen könnten?
Eine Mitarbeiterin einer Fördergruppe beschreibt, dass ein Teilnehmer kaum eigene Impulse zeige und sich generell oft zurückziehe. Das Verhalten sei typisch für ihn und ihr falle nichts mehr ein, wie sie	Mögliche Fragen: Welche Ausnahmen gibt es bei dem beschriebenen Verhalten? Wie erlebt der Klient die Situation aus seiner Sicht?

---

10 Ausdruck aus der systemischen Beratungsarbeit dafür, dass Menschen unterschiedliche Sichtweisen haben und diese gesehen und gewürdigt werden – also nicht parteiisch, sondern für alle beteiligten Parteien

7 Systemische Beratung

Tab. 7.4: Beispiele für Komplexität erhöhende Interventionen – Fortsetzung

den Klienten zur Mitarbeit motivieren könne.	
Eine Leiterin einer Kita, in der auch Kinder mit Autismus betreut werden, berichtet gereizt davon, dass es in ihrem Team immer wieder Probleme bei den Mitarbeiterinnen gäbe, bereits beschlossene Verfahrensweisen auch einzuhalten.	Mögliche Frage: Was hat dieses Problem womöglich mit dem Thema Autismus zu tun?

Tab. 7.5: Beispiele für Komplexität reduzierende Interventionen

Beratungssituation	Komplexität *reduzierende* Intervention
Eine Einzelfallhelferin berichtet von den ersten Treffen mit einem neuen Klienten. Dieser sei wenig offen für ihre Angebote. Von Seiten der Eltern und der Schule herrsche ein großer Druck bezüglich des Erfolges ihrer Arbeit. Sie beschreibt, überfordert zu sein mit der Fülle der Aufträge an sie und dem fehlenden Kontakt zum Klienten.	Mögliche Frage: Welche Frage sollte hier heute für Sie geklärt werden?
Ein Team einer Wohnstätte beschreibt, dass aktuell sehr viele Kolleginnen erkrankt seien. Dies bewirke eine zusätzliche Belastung der gesunden Mitarbeiterinnen, da sie die erkrankten Kolleginnen vertreten müssten, dadurch Mehrstunden entstünden und die Erholung in der Freizeit fehle. Die Leitung agiere zunehmend autoritär und den Teilnehmerinnen fällt es immer schwerer, gut gelaunt zur Arbeit zu erscheinen.	Benennen der Themen, die in der Erzählung beschrieben werden wie hier konkret: • Belastung • Work-Life-Balance • Kooperation mit LeitungDanach wird die Gruppe gefragt, welche dieser Themen Sie heute arbeiten will.
Die Mitarbeiterin einer Förderstelle berichtet, dass es in einem Fall große Unterschiede gebe, wie sich die Situation in der Förderung darstelle und wie in der Schule. Der Klient scheine in der Schule massive Probleme zu haben und in der Förderung trete keines der beschriebenen Probleme auf. Sie wisse nun nicht, wie sie die Beratung mit der Schule gestalten solle.	Mögliche Frage: Kann es sein, dass das zum Bereich Autismus einfach dazugehört und es anderen Mitarbeitenden in diesem Bereich ähnlich ergeht?
Eine Mitarbeiterin aus einer Beratungsstelle für erwachsene Menschen mit Behinderung beschreibt, dass einer ihrer Klient im kognitiven Bereich sehr schnell lerne und bei scheinbar einfachen Herausforderungen wie dem »Schmieren eines Butterbrotes« große Schwierigkeiten habe. Sie verstehe nicht, warum einige	Spiegelung der Situation durch die Frage: Kann es sein, dass bei diesem Menschen in einigen Bereichen »ganz viel« und in anderen »ganz wenig« Fähigkeiten vorhanden sind?

7.7 Supervision im Bereich Autismus

Tab. 7.5: Beispiele für Komplexität reduzierende Interventionen – Fortsetzung

Beratungssituation	Komplexität *reduzierende* Intervention
Fortschritte so schnell gingen und es bei anderes so lange dauere.	
Zwei Mitarbeiterinnen einer Förderstelle für Menschen mit Autismus beschreiben detailliert, welche Ziele sie gerade gemeinsam bearbeiten mit einem Klienten. Sie beschreiben verschiedene Entwicklungsbereiche und jeweils passende Interventionen, um die Entwicklung positiv zu unterstützen. Sie berichten zudem, dass es ihnen zunehmend schwerfalle, den Überblick zu behalten in den Förderungen und die Ziele nicht aus den Augen zu verlieren.	Mögliche Frage: Mit welcher Intervention erreichen Sie das bestmögliche Ziel mit möglichst wenig Energie auf Ihrer Seite?

Supervision nutzt die entspannende Wirkung von Humor in scheinbar ausweglosen und stark belastenden Situationen (▶ Tab. 7.6).

Tab. 7.6: Beispiele für den deeskalierenden Einsatz von Humor in der Supervision

Beratungssituation	Humorvolle Intervention
Das Team und die Leitung einer Beratungsstelle berichten von der Einführung eines neuen Systems für die Beratungsprotokolle. Das neue System sei computergestützt und laufe noch nicht gut, da die Software fehlerhaft sei. Das Thema sei für alle Beteiligten ein Reizthema und beeinflusse die Arbeitszufriedenheit in einem sehr hohen Maße.	Intervention »Filmtitel«: Die Teilnehmerinnen werden aufgefordert einen Filmtitel zu ersinnen, der die aktuelle Situation umschreibt.
Ein Klient einer Wohngruppe wirft immer wieder benutztes Inkontinenzmaterial aus seinem Zimmer im zweiten Obergeschoss in den penibel sauberen Garten der Nachbarn. Die Nachbarn beschweren sich darüber regelmäßig bei der Leiterin. Die Mitarbeiterinnen haben keine Ideen dazu, wie sie dem Klienten diese Verhaltensweisen abgewöhnen sollen.	Die Supervisorin könnte selber lachen an dieser Stelle und beschreiben, was sie amüsiert. Danach fragt sie die Gruppe, ob sie das ähnlich komisch fänden, was die Grundlage für einen lustigen und entspannten Austausch über die Situation eröffnet.
Während eines Ausflugs rennt ein Klient plötzlich in einen Supermarkt und greift sich zwei Schokoriegel. Als die Betreuerinnen den Supermarkt erreichen, steht der Klient genüsslich kauend vor ihnen – hinter ihm der erboste Filialleiter, der mit der Polizei droht.	Frage danach, ob in dieser Erzählung nicht auch etwas Humorvolles stecke und wie die Mitarbeiterinnen solche Situationen für sich bewerten.

7.7.2 Was wirkt lähmend?

Supervision verläuft nicht »automatisch« gewinnbringend und es gibt neben Mitarbeiterinnen, die sich auf den nächsten Termin freuen, auch Teilnehmerinnen, die der Supervision eher skeptisch gegenüberstehen. Manchmal hat dies mit konkreten guten oder schlechten Vorerfahrungen zu tun. Zusätzlich wird das Bild von Supervision auch durch die (fehlende) Wertschätzung gegenüber den dort bearbeiteten Themen wie »Selbstfürsorge« oder »Befindlichkeit« beeinflusst. Supervisorinnen müssen in ihrer Arbeit in der Regel mit einer Mischung unterschiedlicher Haltungen und Erfahrungen umgehen. Dabei gilt es auch immer wieder abzuwägen, wie viel Spannung und Frustration für den Prozess insgesamt nützlich ist und deshalb zugelassen wird, und an welchen Stellen Prozesse sehr direktiv wieder in ein ruhiges und ressourcenorientierteres »Fahrwasser« gelenkt werden (▶ Tab. 7.7).

Tab. 7.7: Typische Situationen, die im Zusammenhang mit Supervision erlebt werden können.

Situation	Hilfreicher Umgang
Niemand »hat etwas«, wenn die Supervisorin nach möglichen Anliegen für die Supervision fragt.	Die Supervisorin formuliert hieraus eine Frage an die Teilnehmerinnen: »Wie erklären Sie sich, dass Sie heute keine Anliegen formulieren können?« Alternative Frage, die einen anregenden Impuls vermitteln kann: »Was gibt es Gutes zu berichten aus der letzten Woche?«
Einige Teilnehmerinnen halten sich immer wieder zurück (oder ganz raus) in der Supervision.	Die Supervisorin überlegt (zunächst für sich), ob diese Teilnehmerinnen möglicherweise bereits innerlich »gekündigt« haben und »auf dem Absprung sind«.
Die Supervisorin bemerkt bei sich Unzufriedenheit über den Verlauf der Supervision.	Regelmäßige Auswertung des Prozesses, um ein Gespür dafür zu bekommen, wie die Gruppe den Prozess erlebt.
Einzelne oder das ganze Team beschreiben, dass es keinerlei Erfolge gäbe durch die Supervision.	Die Supervisorin begibt sich in Kontrollsupervision[11] und holt sich Rat. Hier könnte abgewogen werden, wie und ob eine Besserung erreicht werden könnte und ob die Energie hier sinnvoll eingesetzt ist oder ob eine Beendigung der Zusammenarbeit passend wäre.
Fachkräfte beschreiben in der Supervision das Gefühl, »nicht zu genügen« oder ein »persönliches Defizit«. Alle bringen sich	Die Supervisorin bietet an, das beschriebene, als einen »Spiegeleffekt« des Bereiches zu sehen. Eine mögliche Frage wäre:

---

11 Supervision für Supervisorinnen, in der diese entsprechende Situationen mit erfahrenden Kolleginnen besprechen können.

Tab. 7.7: Typische Situationen, die im Zusammenhang mit Supervision erlebt werden können. – Fortsetzung

Situation	Hilfreicher Umgang
auf diese Weise immer weiter in die Problemtrance.	»Kann es sein, dass es Ihren Klienten oft ähnlich geht?«
Die Stimmung in der Supervision ist (und bleibt) sehr bedrückt. Es wirkt, als stünde ein sog. »Elefant im Raum«.	Die Supervisorin überlegt, ob eventuell ein Konflikt zwischen einigen Beteiligten dahintersteckt. Wenn sich die »Lähmung« manifestiert, könnte die Supervisorin ihre Empfindungen während der Treffen im Sinne einer »Resonanz« offen machen und der Gruppe zur Verfügung stellen.

Zusätzlich kann die Teilnahme einer Leitungsperson die Situation in der Supervision stark beeinflussen. Auf den Verlauf hat dies in den Teams wenig Auswirkungen, in denen die Kooperation gut läuft. Gibt es Konflikte zwischen Team und Leitung, kann die Situation hingegen stark davon beeinflusst werden. Grundsätzlich kommt Leitungspersonen in der Supervision eine besondere Rolle zu, da die besprochenen Themen gerade für Leiterinnen besonders wichtig oder auch heikel werden können. Grundsätzlich ist es die Entscheidung der jeweiligen Leiterin, ob sie teilnimmt. In einigen Teams hat es sich bewährt, dass gemeinsame Termine mit der Leiterin geplant werden, wenn es Themen gibt, die die Teilnahme einer Leitungsperson notwendig machen, da ansonsten keine Beschlüsse gefasst werden können. Einige Leiterinnen und Geschäftsführerinnen vereinbaren mit der Supervisorin zudem Auswertungsgespräche über den Verlauf der Supervision.

7.7.3 Fragetechniken

Neben konkreten Tools (▶ Kap. 7.7.4) kommen in der systemischen Beratung spezielle Fragetechniken zum Einsatz. Im Folgenden werden einige dieser Techniken ihr Zweck und ein möglicher Einsatz im Autismus-Bereich anhand eines Beispiels vorgestellt (▶ Tab. 7.8).

Tab. 7.8: Beispiele für die Anwendung spezieller Fragetechniken im Bereich Autismus

Fragetechnik	Hilfreich für	Beispiel
Fragen nach der »inneren Landkarte«	Informationen zu Normen und Werten	Was ist Ihnen besonders wichtig in Ihrer Arbeit im Bereich Autismus?
Triadische Fragen/ Zirkuläre Fragen	Ansichten von Personen einbeziehen, die nicht anwesend sind in der Beratungssituation	Was würde Ihre Chefin dazu sagen, wenn sie als Team hier ein anderes Vorgehen besprechen?

Tab. 7.8: Beispiele für die Anwendung spezieller Fragetechniken im Bereich Autismus – Fortsetzung

Fragetechnik	Hilfreich für	Beispiel
Spiegelungs- und Rückkopplungsfragen	Abstimmung unter den Beteiligten und festhalten von Teilergebnissen	Habe ich Sie richtig verstanden, dass es Ihnen in der Beratung um Ideen zur Verbesserung der Lebensqualität Ihres Klienten gehen soll?
Hypothetische Frage	Neue Ideen kreieren	Mal angenommen, sie besprechen mit Ihrem Klienten folgendes Vorgehen, was würde dann passieren?
Zukunftsfragen	Blick in die Zukunft werfen	Stellen Sie sich einmal vor, wir treffen uns in 5 Jahren zufällig wieder – was erzählen Sie mir dann über den weiteren Verlauf Ihrer Arbeit?
Unterscheidungsfragen	Entscheidungen treffen	Wollen Sie Variante A oder B umsetzen, um die Eltern in der Interaktion mit ihrem Kind zu unterstützen?
Fragen zu Verhalten und Abläufen	Einblick bekommen in die organisatorischen Abläufe	Beschreiben Sie mir doch mal einen typischen Tag hier in der Fördergruppe.
Definitionsfragen	Aussagen präzisieren und Abstimmung bezüglich gemeinsamer Ziele.	Woran würden Sie merken, dass Sie in der Umsetzung Ihrer Ziele mit dem Klienten erfolgreich sind?
Begründungsfragen	Eigene Erklärungen für Entwicklungen und Entscheidungen	Wie erklären Sie sich, dass Sie hier das Thema »Kooperation mit Eltern« in die Beratung einbringen?
Informationsfragen	Informationen sammeln	Wie viele Mitarbeiterinnen arbeiten in Ihrem Team?

7.7.4 Methoden in der Supervision

Innerhalb der Supervision hat sich der Einsatz einiger spezieller Methodiken und bewährt, die dabei helfen, Informationen zu bündeln, Übersicht zu schaffen und zügig zum Kern vorzudringen. Ihr Einsatz macht es möglich, einfacher und wirksamer zu aussagekräftigen Ergebnissen zu gelangen.

Bei der Anwendung ist es hilfreich, wenn die Beratenden bereits Vorerfahrung hinsichtlich der Einsatzmöglichkeiten verschiedener Methoden mitbringen. Erfahrungsgemäß gibt es auch »Lieblingsmethoden« bei Beraterinnen, die diese häufiger einsetzen. Für wiederum andere Beratende ist es wichtig, eine bestimmte Methode innerhalb einer Gruppe immer nur einmal einzusetzen und somit insgesamt eine große Auswahl an Materialien vorzuhalten.

Im Folgenden soll eine Art »Basis-Ausrüstung« beschrieben werden, mit der Supervisorinnen Prozesse gut und passend gestalten können (zur weiteren Vertiefung vgl. Neumann-Wirsig, 2009, Neumann-Wirsig, 2016 und van Kaldenkerken, 2014)

Einstieg

Allem Anfang wohnt ein Zauber inne – dies gilt auch für die Supervision. Um diesen Effekt zu nutzen, kann es hilfreich sein, den Beginn eines Prozesses oder einer Supervision methodisch zu strukturieren. Besonders passend ist dies, wenn es einem Team schwerfällt, den richtigen Einstieg in die Supervision zu finden. Wenn die Teilnehmerinnen erst einmal gut in Kontakt miteinander sind und der Austausch angeregt ist, verläuft der anschließende Prozess des Findens und Formulieren von Anliegen meist viel einfacher.

Zwei Interventionsmethoden, deren Einsatz sich gerade zu Beginn einer Supervisionssitzung als einfach umsetzbar und ertragreich erwiesen haben, werden im Folgenden vorgestellt.

Frage: »Was läuft gerade gut?« oder »Worüber wurde hier heute schon gelacht?«

Durch diese Fragen werden die Teilnehmerinnen eingeladen, sich auf die positiven Aspekte ihrer Arbeit zu fokussieren. Erfahrungsgemäß ist es immer angenehmer und auch anregender, hier anzusetzen und den Austausch zwischen den Teilnehmerinnen untereinander anzuregen.

Von 0-10: Ist-Stand reflektieren und Wünsche erfassen

Ziel:	Ist-Stand reflektieren und Wünsche erfassen
Material:	Zettel mit je einer Ziffer von 0-10
Vorbereitung:	Zettel werden aufsteigend von 0 bis 10 in eine Reihe auf den Boden gelegt.
Form:	Einzelsetting und Gruppe
Durchführung:	Die Teilnehmerinnen stellen sich an das untere Ende der Skala und beantworten verschiedene Fragen, die durch die Supervisorin gestellt werden, indem sie sich bei den jeweiligen Ziffern positionieren und danach darüber berichten, was sie bewogen hat, sich dort zu positionieren.

Auswahl möglicher Fragen:

- Wie lange arbeiten Sie bereits in diesem Bereich?
- Wie zufrieden sind Sie mit Ihrer Arbeit?
- Wie erschöpft sind Sie?
- Welche Belastung wäre für Sie dauerhaft leistbar?
- Wie ist die Belastung im Klientenkontakt/im Kontakt mit der Leitung/im Team/in der Organisation?
- Wie viel Raum nimmt die Arbeit in Ihrem Leben ein?
- Wie viel Raum soll die Arbeit in Ihrem Leben einnehmen?

Am Ende der Befragung hat es sich als hilfreich erwiesen, auch leichtere Themen abzufragen wie beispielsweise:

- Wie viele Haustiere leben in Ihrem Haushalt?
- Wie viele Pflanzen stehen bei Ihnen zuhause?

Auftragsklärung

Ohne konkrete Anliegen ist es schwer, eine Supervision gewinnbringend auszurichten. Das Erleben der Teilnehmerinnen und die Bewertung der Supervision als hilfreich wird stark davon geprägt, inwieweit es gelingt, relevante Themen zu benennen und auf den Punkt zu bringen. Damit dieser Prozess möglichst energie- und auch nervenschonend verläuft, können Methoden den Einstieg in das Aufspüren dieser Anliegen fördern.

Einfache Intervention zur Findung eines Anliegens

Frage: »Was soll hier heute besprochen werden?« Oder »Bei welchem Anliegen wünschen Sie sich die Unterstützung Ihrer Kolleginnen?«

Die Frage danach, was besprochen werden soll, mag womöglich redundant wirken. Jedoch deckt sie alle relevanten Eckpunkte der Frage nach einem Anliegen ab – nämlich, was bearbeitet werden soll und was wichtig ist für die einbringende Person. Sie lenkt diese in einen kurzen Reflexions- und Entscheidungsmoment bezüglich der zu leistenden Arbeit.

Gemeinsame Lösungsfindung

Beratungsprozesse sind dann fruchtbar, wenn die Teilnehmerinnen bereichert werden durch neue Impulse. Auch wenn die Kommunikation über schwierige Situationen wichtig sein kann und genügend Raum bekommen sollte, ist der Blick auf die Ideen zur Verbesserung solcher Situationen wichtig, damit die Teilnehmerinnen gestärkt in den Arbeitsalltag zurückgehen können (zur vertieften Lektüre vgl. auch Neumann-Wirsig, 2016).

Einfache Interventionen zur Lösungsfindung: Tipprunde

Eine Supervisandin beschreibt ein Problem, für das sie gerade Unterstützung benötigt. Danach formulieren die Teilnehmerinnen reihum einen Tipp zur Bearbeitung dieses Problems. Diese Tipps werden weder kommentiert noch diskutiert. Im Anschluss an die Runde kann die Supervisandin noch eine

Rückmeldung an die Gruppe geben, welche hilfreichen Impulse sie mitnimmt.

Selbstfürsorge

Die Arbeit im sozialen Bereich kann fordernd sein und Mitarbeiterinnen laufen hier womöglich Gefahr, sich über das richtige Maß hinaus zu verausgaben. Entsprechend wichtig ist ein achtsamer Umgang mit den eigenen Ressourcen. Indem Supervision Themen wie »Belastung« und »Entlastung« bearbeitet, leistet sie einen Beitrag zur langfristigen Gesunderhaltung der Mitarbeiterinnen.

Einfache Intervention zum Thema Selbstfürsorge

Frage: »Wer macht was, um nach der Arbeit zu entspannen?«

Gerade wenn die Teilnehmerinnen beschreiben, nach der Arbeit schlecht »abschalten« zu können und sich ihr Leben in ihrer Wahrnehmung ausschließlich um die Arbeit zu drehen scheint, kann es nützlich sein, die Supervisandinnen zusammentragen zu lassen, was sie tun, um sich von der Arbeit zu erholen. Wichtig ist dabei, jede scheinbar noch so kleine Intervention wertzuschätzen. So können auch »eine Zigarette nach dem Abendessen auf dem Balkon« oder »Musik hören auf dem Weg nachhause« wichtig sein. Die Hauptsache ist, die Teilnehmerinnen in der Idee zu stärken, dass sie bezüglich der Selbstfürsorge aktiv etwas tun bzw. noch mehr tun können.

Umgang mit Konflikten

Konflikte können an unterschiedlichen Momenten der Beratung auftauchen. Wichtig ist zunächst, diese als notwendigen Bestandteil von Organisationen zu verstehen und sie als nützlich und notwendig zu bewerten. In dem Erleben der Teilnehmerinnen sind Konflikte oft mit einer hohen Emotionalität verbunden und mit einer gewissen Sorge und Vorsicht behaftet. Auch in der Supervision können Konflikte auftauchen oder Auslöser sein, sich in eine Beratung zu begeben. Mediation – oder die Moderation von Konflikten – ist ein eigenes Fachgebiet und wird als spezielles Thema in Weiterbildungen angeboten. Supervisorinnen verfügen in der Regel auch über das Wissen um die Bearbeitung von Konflikten und bieten diese falls nötig und gewünscht ebenfalls an.

> **Einfache Intervention bei Konflikten**
>
> - Plätze tauschen
>   Die Konfliktbeteiligten nehmen den »Platz der anderen Beteiligten« ein und geben eine Rückmeldung dazu, was jetzt anders ist.
> - Kurze Pause und »Fenster öffnen«
>   Die Sitzung wird kurz unterbrochen, die Beteiligten werden eingeladen, sich einen neuen Kaffee zu nehmen und es wird »frische Luft« in den Raum gelassen.

7.7.5 Tools zur Fallbearbeitung

Auch wenn es unter Supervisorinnen Vertreterinnen gibt, die sagen, dass jede Fallbesprechung auch etwas über die Fall-Einbringerin aussagt und es daher nie nur um einen bloßen Fall gehen kann, gehört die Fallarbeit zum supervisorischen Alltagsgeschäft. Sie wird häufig angefragt und auch in Supervisionsrunden ist es üblich, über die eigene Arbeit mit den Klienten zu sprechen. Für diese Besprechungen gibt es viele unterschiedliche methodische Strukturierungshilfen.

Den Einstieg in die Fallberatung erleichtert die kurze Vorstellung desjenigen, um den es in der Besprechung gehen soll. Diese kann entsprechend dieser Punkte strukturiert werden:

- Name[12]
- Alter
- Diagnosen
- Aktuelle Situation: Wohnsituation, Ausbildung, Arbeit
- Aktuelle Arbeitsschwerpunkte in der Begleitung

Diese Struktur ermöglicht es, den Teilnehmerinnen innerhalb weniger Minuten einen ausreichenden Einblick zu haben und »sich ein Bild machen zu können«. Danach kann es dann weiter zur aktuellen Problemsituation und dem Anlass für die Fallberatung gehen.

Eine weitere Methode, deren Einsatz sich als einfach umsetzbar und ertragreich erwiesen hat, ist das sog. Eisbergmodell.

---

12 nur bei bekannter Schweigepflichtregelung der Teilnehmerinnen untereinander, sonst weglassen oder anonymisieren

7.7 Supervision im Bereich Autismus

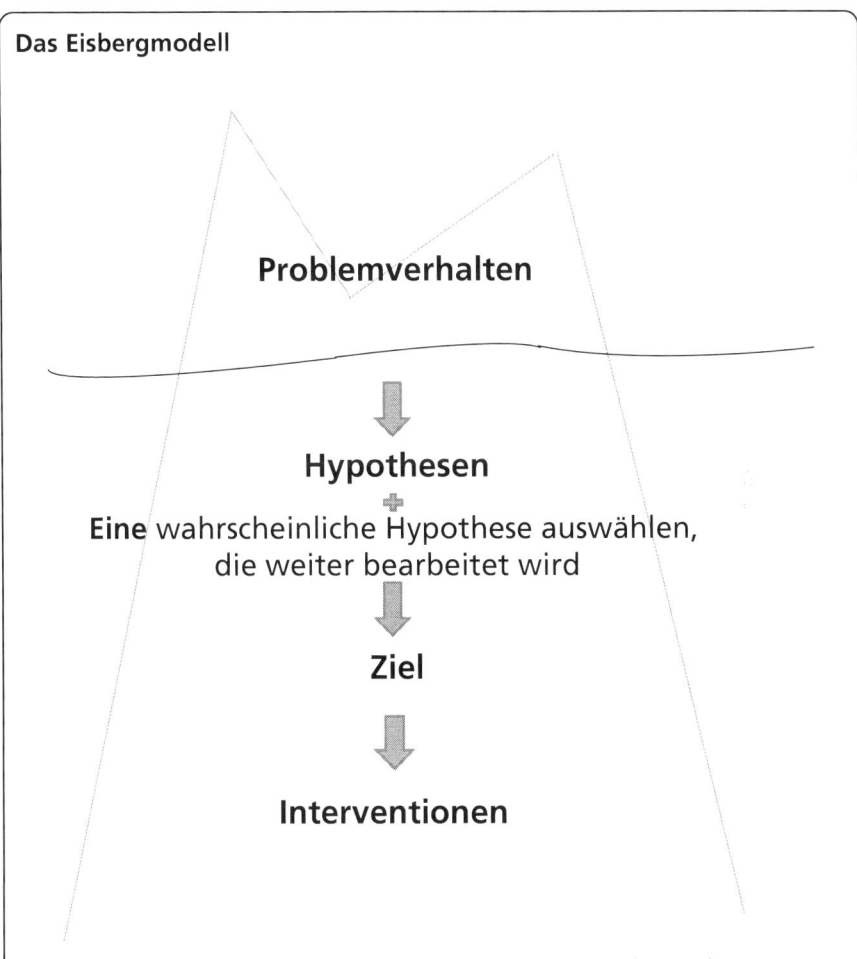

Abb. 7.6: Das Eisbergmodell zur Erarbeitung konkreter Handlungsschritte im Umgang mit herausfordernden Verhaltensweisen.

Ziel: Neue Handlungsmöglichkeiten in belastenden Klientenkontakten erlangen
Material: Vorlage des Eisbergmodells, Stifte, Flipchart
Vorbereitung: Auf ein Flipchartblatt wird das Modell aufgemalt – ein Eisberg mit Wasserlinie. Oberhalb dieser Linie wird an die linke Blattseite »Herausforderndes Verhalten« geschrieben. Unterhalb der Wasserlinie werden ebenfalls links untereinander »Hypothesen«, »Ziel« und »Interventionen« geschrieben.
Setting: Gruppe
Durchführung: Die Methode wird beschrieben, indem Hintergründe des Eisbergmodells erklärt werden (z. B. Psychoanalyse, Schriftstellerei). Grundsätzlich geht es dabei um das Verhältnis zwischen

> bekannt und unbekannt. Auch in der therapeutischen Arbeit können immer wieder Situationen erlebt werden, deren Auslöser für uns nicht erkennbar sind (Häußler, Tuckermann, Kiwitt, 2014).
>
> In der weiteren Besprechung werden Hypothesen darüber gesammelt, was hinter dem herausfordernden Verhalten stecken könnte. Im nächsten Schritt wird die Falleinbringende gefragt, welche Hypothese sie für wahrscheinlich halte und welchen sie gerne weiter nachgehen wolle. Nach der Entscheidung wird für diese eine Hypothese eine konkrete Zielsetzung definiert. Im vierten Schritt werden konkrete Interventionen gesammelt, wie dieses Ziel erreicht werden kann.

Abschluss

Die Prozesse in der Supervision haben unterschiedliche »Phasen«. Nach dem Bearbeiten der Anliegen kann es passend sein, noch einmal das Arbeitstempo zu reduzieren und sich sozusagen »mit ausgeschaltetem Bootsmotor auf den Steg zutreiben zu lassen«. Dies kann auch wichtig sein, damit alle Teilnehmerinnen danach gut wieder zurück in die Arbeit oder in den Feierabend gehen können. Auch das Ende einer Supervision kann methodisch strukturiert genutzt werden, um die »Ernte einzufahren« und die Ergebnisse der Arbeit in der Supervision noch einmal konkret zusammenzufassen.

> **Einfache Intervention in Abschluss-Situationen**
>
> - Frage: »Was brauchen Sie jetzt noch, um wieder gut in die Arbeit gehen zu können?«
> - Diese Frage regt eine innere Reflexion bei den Teilnehmerinnen an. Sie wägen selber ab, ob es noch etwas gibt, das Aufmerksamkeit benötigt. Falls dies nicht der Fall ist, kann ein entspannter Austausch am Ende der Supervision entstehen, und so ein passender Ausklang gefunden werden.

Wenn es beispielsweise am Ende eines Prozesses oder nach der ersten Sitzung auch um eine Bewertung der Supervision durch die Teilnehmerinnen gehen soll, hat sich der Einsatz der einfach umsetzbaren Daumenfeedback-Methode bewährt:

> **Daumenfeedback**
>
> Die Teilnehmerinnen werden eingeladen, die Sitzung oder den gesamten Supervisionsprozess Revue passieren zu lassen und darüber zu reflektieren, wie

sie diese(n) erlebt haben. Wenn alle Teilnehmerinnen bereit sind, geben diese der Supervisorin und den anderen Teilnehmerinnen gleichzeitig eine Rückmeldung, indem sie bei hoher Zufriedenheit den Daumen nach oben, bei niedriger Zufriedenheit den Daumen nach unten zeigen. Bei mittlerer Zufriedenheit wird der Daumen entsprechend in die Mitte gehalten. Die Methode kann ohne weiteren Kommentar in sehr kurzer Zeit angewendet werden oder um eine Erklärung zur eigenen Einschätzung ergänzt werden.

8 Die gelungene Verbindung autismusspezifischer Arbeit und systemischer Beratung

»Handle stets so, dass die Anzahl der Wahlmöglichkeiten größer wird!«
(Heinz von Foerster)

In diesem Buch werden zwei Felder miteinander in einen Austausch gebracht, die bisher wenig Berührungspunkte haben: der Bereich Autismus und die systemische Beratung.

Nachdem in den vorangegangenen Kapiteln vieles getrennt voneinander oder sogar abgrenzend betrachtet wurde, gilt es nun, in einen Dialog zu treten. Ziel ist die Beschreibung einer Art »guten Nährbodens«, der sich aus dem Miteinander beider Bereiche ergeben kann. Ausgehend von vier Hauptthemen werden Ideen entwickelt, wie jeweilige Impulse gewinnbringend kombiniert werden können: Gebiet

- Die Haltung
- Der Rahmen
- Die Umsetzung
- Verteilung der Verantwortung

8.1 Die Haltung

Vom Problem zur Lösung

Probleme werden in der systemischen Therapie als bisher noch unpassende Lösungsversuche betrachtet. Diese Sichtweise macht aus Ratsuchenden Menschen, die ihre Fragen und Anliegen aus eigener Kraft voranbringen. Die Beraterin stellt sich mit ihrer Expertise ganz in den Dienst der Lösungssuche.

Auf den Autismus-Bereich übertragen, bedeutet dies, davon auszugehen, dass problematische Verhaltensweisen für die betreffende Person mit Autismus auch Lösungsversuche sein können. Ein Junge mit frühkindlichem Autismus (▶ Kap. 1) setzt sich beispielsweise während des Unterrichts unter einen Tisch und verschafft sich auf diese Weise eine Pause von den Anstrengungen des Schulalltags. Folgerichtig erkannt, lässt sich die in der Beratung aufgreifen, um weitere Möglichkeiten zur Entlastung für diesen Jungen zu erarbeiten.

Konsequent angewendet, ergibt sich durch diese Sicht eine Vielzahl möglicher Erkenntnisse und neuer Ideen für die Unterstützung der Ratsuchenden. Wenn allen Menschen die Fähigkeit zugesprochen wird, Lösungen für herausfordernde Situationen kreieren zu können, sind Beratende diejenigen, die diese Lösungen als solche wahrnehmen und zu einem Nachdenken bei weiteren Beteiligten anregen. Eine Lehrerin, die das Verhalten des beschriebenen Jungen zunächst vorrangig als Problem wahrnimmt, könnte durch den Perspektivenwechsel lernen »umzudenken« und so in der Folge an der Vermeidung von zu viel Stress und Anstrengung für den Jungen im Unterricht mithelfen.

Das gewinnbringende an diesem Vorgehen insgesamt ist, dass der »Pool« möglicher Ideen zur Lösungsfindung stetig wächst und damit auch das Vertrauen in die eigenen Problemlösungsfähigkeiten auf allen beteiligten Seiten gestärkt wird.

Die Unterstützung überflüssig machen

Den Ideen der Kurzzeittherapie (▶ Kap. 5.1) folgend, versucht die systemische Beratung, sich so schnell wie möglich »überflüssig« zu machen. Auch wenn es hier beispielsweise bei systemischer Supervision (▶ Kap. 7.2) im Sinne einer Qualitätssicherung Ausnahmen gibt, ist das Ziel einer systemischen Beratung genau dann erreicht, wenn die Anfragenden wissen, wie sie Problemen aus eigener Kraft hilfreich begegnen können. Bei längeren Prozessen in der systemischen Supervision wird häufig nach ungefähr drei Jahren durch die Beratenden ein Wechsel zu einer anderen Beraterin angeregt.

Diese Ideen sind gut auf den Bereich Autismus übertragbar und werden dort auch ähnlich umgesetzt. Mit dem Prinzip der »Personenunabhängigkeit« beschreibt beispielsweise die Arbeit nach dem TEACCH-Ansatz (Häußler, 2016) genau das – den Menschen mit Autismus eine passende Struktur in der Unterstützung anzubieten, die diese selbstständig und verlässlich nutzen können – unabhängig davon, welche Person sie gerade begleitet.

Jede Hilfe, sei es nun systemische Beratung oder autismusspezifische Förderung, sollte bereits zu Beginn der Zusammenarbeit Ideen darüber entwickeln, was erreicht werden müsste, damit sie nicht mehr nötig wäre und was für die Erreichung dieses Ziels notwendig ist.

Es gibt immer Ressourcen

Die systemische Arbeitsweise geht davon aus, dass alle Menschen über Fähigkeiten verfügen, eigenständig an Problemen zu arbeiten und diese, wenn auch nicht zu beheben, so doch sicher mildern zu können. Systemische Beratung setzt demnach auf die »selbsthelfenden« Kräfte der Ratsuchenden.

Auch wenn es an dieser Stelle bei einigen Menschen mit Autismus aufgrund ihrer Einschränkungen schwierig sein kann, diese Selbsthilfe-Fähigkeiten vorauszusetzen, sind diese grundsätzlich durchaus auch im Bereich Autismus vorhanden. Ein junger Mann mit Asperger-Syndrom (▶ Kap. 1) kann womöglich sehr wohl ausdrücken, wie er sich eine Lösung seiner Probleme vorstellt und wie er beispielsweise zukünftig vorgehen will, um mehr Freunde für sich zu gewinnen. Viele Menschen mit Autismus sind in der Lage, differenziert und vielschichtig über sich zu reflektieren. In diesen Fällen ist auf den Seiten der Beraterin absolut angemessen, sich ganz in den Dienst der Erreichung dessen zu stellen, was dieser Mensch mit Autismus von sich aus als Lösungsideen beschreibt.

Menschen mit Autismus sind erfahrungsgemäß oft durchaus und im besten Sinne selbstbewusst. Sie wissen, was sie wollen und äußern dies auch deutlich. Dies betrifft sowohl Menschen, wie den gerade beschriebenen jungen Mann, der genau sagen kann, was ihm helfen würde, als auch Menschen mit einer geistigen Behinderung, die ihre Wünsche durch ihr Handeln ausdrücken. Beispielsweise könnte ein Mensch mit frühkindlichem Autismus (▶ Kap. 1) seinen Wunsch bezüglich der Beschäftigung mit einem bestimmten Spielmaterial ausdrücken, indem er die Therapeutin an die Hand nimmt und zu einem verschlossenen Schrank führt, in dem dieses Material liegt.

Diese Sichtweise ermöglicht die aktive Einbindung von Ratsuchenden in den Beratungs- oder Förderprozess. Beraterinnen, die dies berücksichtigen, können darauf vertrauen, dass die Ratsuchenden schon deutlich machen werden, was für sie hilfreich ist. Das Wissen um die eigenen Kräfte zur Problembewältigung macht es zudem möglich, auch als Beraterin ressourcenschonend gegenüber dem Einsatz eigener Energiereserven vorzugehen.

Für den Menschen und mit den Menschen

Spätestens seit der Mitte der 1990er Jahre wird die Diskussion rund um das Thema Autismus durch Beiträge von Menschen bereichert, die selber eine Diagnose im Bereich Autismus erhalten haben. In ihrer Rolle als »Anwalt in eigener Sache« entwerfen sie ihre eigene Sicht und bringen sich auch in gesamtgesellschaftliche Diskussionen rund um das Thema Autismus ein. Auch in der Fachwelt im Bereich Autismus hat die Sicht dieser Personen seinen festen Platz. Menschen mit Autismus arbeiten als Autoren, sie halten Eröffnungsreden bei überregionalen Fachtagungen und sind eingebunden in die Durchführung verschiedener Forschungsprojekte zur weiteren Erforschung spezifischer Aspekte des Themas Autismus.

Auch hier gehen systemische Beratung und der Bereich Autismus »Hand in Hand«. Die Selbstermächtigung der Anfragenden in den Vordergrund der Hilfe zu stellen, ist das erklärte Ziel der systemischen Therapie seit ihrer Entstehung – Anfragende als Menschen mit eigenen Ressourcen zur Behebung ihrer Schwierigkeiten zu sehen, ebenso. Menschen als Experten in Bezug auf ihre Probleme zu sehen, ist gleichfalls grundlegend für die Haltung systemischer Therapeutinnen.

Diese Haltung drückt sich aus, indem die Unterstützung »auf Augenhöhe« erfolgt. Auf Seite der Helfenden zeigt sich dies auch darin, dass sie verständlich und möglichst einfach kommunizieren. Im Bereich Autismus ist dies wichtig, damit Menschen mit Autismus nachvollziehen können, worum es gerade geht und was an der sprachlichen Information wichtig ist. Systemische Therapeutinnen gestalten diese Beratung »auf Augenhöhe«, indem sie ihre »Expertenrolle« relativieren und indem sie vermeiden, sich in ihrer Haltung »über« die Ratsuchenden zu erheben. Auch hierfür ist der Einsatz einer »einfache Sprache« wichtig.

Den Menschen in seiner Einzigartigkeit wertschätzend in den Mittelpunkt zu stellen und individuell zu unterstützen, ist das gemeinsame Anliegen systemischer Beratung und autismusspezifischer Unterstützungsangebote.

Hilfe anbieten aus einer Position »im Außen«

Die Unterstützung im Bereich Autismus beginnt – im Bereich Wohnen wie im Bereich der Förderung – mit der Erhebung des »Ist-Zustands«. Gezielte Beobachtungen und die Befragung der Anfragenden dienen dazu, einen Eindruck der aktuellen Situation zu erhalten. In diesem Prozess sind die Mitarbeitenden »im Außen« und nutzen diese Position dazu, sich einen möglichst ganzheitlichen Eindruck zu verschaffen.

Es ist durchaus möglich, dass Beratende im Bereich Autismus auf stark aufgeladene Situationen treffen. Beispielsweise, weil die Mitarbeiterinnen Themen in die Beratung einbringen wie »hohe Arbeitsbelastung« oder »Probleme bei der Zusammenarbeit mit Menschen mit Autismus«. Wenn die Beraterin diese Themen zunächst wahrnimmt als eine »typische Dynamik« in diesem Bereich, kann sie diesen Eindruck den Anfragenden spiegeln und für die weitere Beratung als ein mögliches Thema anbieten. Zusätzlich kann durch eine Definitionsfrage (▶ Kap. 7.7.3) wie z. B. »Wie erklären Sie sich eigentlich die vorherrschende Dynamik in ihrem Team?« weitere Möglichkeiten der Reflexion angeboten werden.

In der systemischen Beratung gilt es, die Dynamik problematischer Situationen zwar wahrzunehmen, jedoch nicht zum Teil dieser Dynamik zu werden. Die methodischen Grundlagen wurden hierfür im Mailänder Modell gelegt (▶ Kap. 5.1). In der Beratung muss die richtige Balance zwischen empathischem Zuhören und dem Anbieten neuer Impulse gefunden werden. Entsprechend erfordert systemische Beratung immer auch ein gewisses Fingerspitzengefühl für das passende Vorgehen in der jeweiligen Situation (▶ Abb. 8.1).

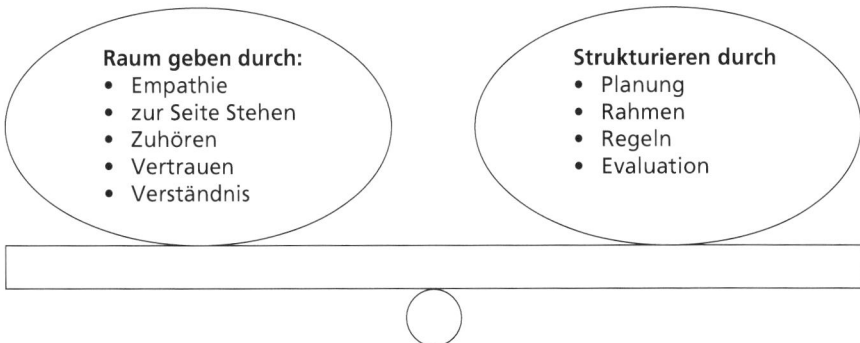

Abb. 8.1: Die richtige Balance zwischen »Raum geben« und »Strukturieren«

8.2 Der Rahmen

Gute Ergebnisse durch einen guten Rahmen

Die systemische Beratung bietet einen strukturierten Rahmen – einerseits in jeder einzelnen Beratungssituation und andererseits auch auf den Gesamtprozess bezogen. Durch die Gliederung in einen Anfang, die Bearbeitung der Anliegen und den Abschluss werden Prozesse gestaltet.

Struktur ist im Bereich Autismus ein wichtiger – vielleicht sogar *der* wichtigste – Faktor für das Gelingen der Unterstützung. Menschen mit Autismus profitieren besonders von klar strukturierten Hilfestellungen und werden durch sie unterstützt, in einen guten Zustand zu gelangen. Die Notwendigkeit, die eigene Arbeit genau zu planen, kennen Fachkräfte in diesem Bereich folglich gut. Eine gute und detaillierte Planung schafft Sicherheit und Vorhersehbarkeit – auf diese Weise wird auch der Energiehaushalt aller Beteiligten geschont.

Die Evaluation der Arbeit gehört sowohl in der systemischen Beratung als auch im Bereich Autismus zum Alltagsgeschäft. Bei Leistungen der Autismus-Förderung, die durch die Jugendhilfe finanziert werden, ist die regelmäßige Auswertung der erreichten Ziele Teil des Prozesses. Die Eltern sind jeweils direkt eingebunden in diesen Prozess. Bei den Auswertungen geht es vor allem um die Entwicklung des Kindes im Autismus-Spektrum.

Systemische Beraterinnen werten Prozesse zwischenzeitlich sowie bezogen auf den Gesamtprozess aus. Sie wissen um die Verteilung der Verantwortung auf ihrer Seite ebenso wie auf der Seite der Anfragenden. In der Beratung wird das aktuelle Erleben und die emotionale Verfassung der Ratsuchenden genauso berücksichtigt, wie Aspekte der Kooperation und der Kommunikation untereinander. Wichtig ist, dass die Ratsuchenden in der Beratung zu »Teilnehmenden« werden. Sie sollen sich »ganz« mit ihren Gedanken und Empfindungen bezüglich ihrer Arbeit einbringen können. Hilfreich ist hier die klare Struktur, die sich durch den zeitlichen Rahmen der Beratung ergibt und den Ablauf aus »Begrüßung«, »Bearbeitung der Anliegen« und »Abschluss« (▶ Kap. 7.7.1).

Zusammenfassend lässt sich festhalten, dass Mitarbeiterinnen im Autismus-Bereich und in der systemischen Beratung Profis sind, was die Rahmung ihrer Arbeit betrifft. Mögen auch die Themen unterschiedlich sein, wissen jeweilige Fachleute um die Notwendigkeit eines klaren Rahmens für die Erreichung der angestrebten Effekte und Ziele.

Keine Zusammenarbeit ohne gute »Passung«

Sowohl im Bereich Autismus, als auch im Bereich der systemischen Beratung wird stark darauf geachtet, dass die »Passung« stimmt und die Angebote zu den Anliegen der Ratsuchenden stimmig sind. Entsprechend wichtig ist der Beginn der Zusammenarbeit, wo beispielsweise eine Familie mit einem Kind mit Autismus über den Rahmen der Förderung und den Einsatz der Methoden informiert wird. Auch die Frage danach, was genau sich durch eine entsprechende Förderung verändern soll und wo es Unterstützungsbedarf gibt, gehört zu dieser Abklärung. Üblich ist darüber hinaus, Eltern dahingehend zu beraten, dass es unterschiedliche Angebote mit verschiedenen Herangehensweisen an das Thema Autismus gibt. Womöglich kann es für die Familien hilfreich sein, sich bei mehreren Stellen zu erkundigen und erst danach zu entscheiden, wo sie sich eine Förderung ihres Kindes am besten vorstellen können. Voraussetzung für die Zusammenarbeit ist, dass es einen Anlass für die Förderung gibt und das dieser für alle Beteiligten klar definiert ist.

Ähnlich wie im Bereich Autismus ist es auch in der systemischen Beratung wichtig, die genaue Passung der Angebote und der Anliegen der Anfragenden zu finden. In der Regel wird in einem ersten Telefonat erfragt, welche Unterstützung gewünscht ist und welche Ideen bezüglich der Zusammenarbeit existieren. Auch der zeitliche Rahmen, eventuelle Wunschtermine, der gewünschte Starttermin und die Finanzierung der Beratung werden hier besprochen. Anschließend folgt ein kostenfreies Kennenlerngespräch, das der Klärung dient, ob beide Seiten überhaupt »miteinander können«. Erst wenn diese Schritte abgeschlossen sind, entscheiden beide Seiten, ob die Zusammenarbeit zustande kommt.

8.3 Die Umsetzung

Das Rad nicht neu erfinden

Der Bereich Autismus hat sich seit der ersten Erwähnung des Begriffs Autismus durch Eugen Bleuler im Jahre 1911 sehr stark entwickelt und auch verändert. Das Thema Autismus ist in der Mitte der Gesellschaft angekommen. Konkret zeigt sich dies auch darin, dass dieses Thema in unterschiedlichen Institutionen seit vielen Jahren bekannt ist. Es gibt Angebote für Menschen mit Autismus in Kitas, in Schulen und auch in verschiedenen Arbeitsbereichen. Bezüglich möglicher Wohnformen gibt es ein breites Angebot von Betreuten Wohnangeboten, über Wohngemeinschaften mit mehr oder weniger enger Betreuung bis zu speziellen Wohnstätten und einer intensiven Betreuung.

Systemische Therapeutinnen können durch die langjährigen Erfahrungen beim Thema Autismus auf eine Vielzahl unterschiedlicher Informationsquellen zurückgreifen. Die Anzahl einschlägiger Fachbücher einerseits sowie das Angebot populärer Medien wie Kinofilme oder Serien ist immens groß.

Auch die systemische Beratung blickt auf eine lange Tradition zurück. Im Zeitraum mehrerer Jahrzehnte hat sich die Arbeit weiter profiliert und insgesamt stark verbreitet. Wichtig war hierzu auch die Anerkennung als erwiesenermaßen wirksam. Diese Wirksamkeit kann auch durch den Einsatz unterschiedlicher Methoden (▶ Kap. 7.7.4 und ▶ Kap. 7.7.5) erlebt werden. Zahlreiche Fachbücher eignen sich zur Vertiefung des Wissens hinsichtlich dieser diversen Methoden ebenso wie der Austausch unter Kolleginnen bzw. die Weiterbildung im Rahmen von entsprechenden Fort- und Weiterbildungen.

Durch die Präsenz der systemischen Beratung über einen so langen Zeitraum ist es nun auch mehr und mehr möglich, einige der spezifischen Inhalte als »allgemein bekannt« vorauszusetzen und zurückliegende Grundsatzdiskussionen nicht immer wieder neu führen zu müssen. »Das Rad nicht neu erfinden« heißt hier auch darauf zu vertrauen, dass die eigene Arbeit eingebettet ist in eine lange Tradition und dass es für Beraterinnen aktuell möglich ist, die systemische Beratungspraxis insgesamt ebenfalls voranzubringen, indem sie »einfach gute Arbeit zu leisten«.

Veränderungen anregen und begleiten

Anlass für eine autismusspezifische Förderung (▶ Kap. 4) oder eine systemische Beratung (▶ Kap. 7) ist der Wunsch nach Veränderung. Beispielsweise entscheidet sich ein Mann mit Autismus, Hilfe zu suchen, da es ihm schwerfällt, auf andere Menschen zuzugehen und er sich einsam fühlt. Oder ein Team von Mitarbeiterinnen einer Kita bemerkt, dass Konflikte die Zusammenarbeit erschweren und nimmt deshalb Kontakt zu einer systemischen Beraterin auf. In beiden Situationen geht es darum, dass die aktuelle Situation als verbesserungswürdig erlebt wird und ein Wunsch zum Wandel der derzeitigen Lage geäußert wird.

Hilfe für ihre Probleme suchen sich Ratsuchende, weil sie es bisher noch nicht geschafft haben, diese Probleme allein so zu bearbeiten, dass eine Linderung des Leidensdrucks erreicht werden konnte. Systemische Beratung regt an, mehr »vom Neuen« zu denken und zu tun und »bisher wenig Hilfreiches« eher außen vor zu lassen. In der systemischen Beratung wird die Entwicklung neuer Handlungsimpulse durch Angebote gefördert, die helfen, die Dinge einmal aus einem anderen Blickwinkel zu betrachten. Konkret wird dies beispielsweise durch den Einsatz bestimmte Fragetechniken (▶ Kap. 7.7.3) erreicht.

Menschen organisieren ihr Leben immer auch anhand bestimmter Routinen. Um eine Besserung der Situation zu erreichen, müssen diese Routinen hinsichtlich ihres Nutzens hinterfragt und neue »Wege« ausprobiert werden. Dies kann sowohl für die vorher beschriebene Mitarbeiterin aus dem Kita-Team als auch für den erwachsenen Mann mit Autismus gelten. Beide kennen sich und ihr Problem bisher nur aus ihrer eigenen Sicht. In dem Team der Kita würde angeregt, sich in die Perspektive der anderen Mitarbeiterinnen zu versetzen. In der autismusspezifischen Förderung des Mannes könnte daran gearbeitet werden, dass er seine Vorstellung von den Charakteren zukünftiger Freunde konkretisiert, er eine Selbsthilfegruppe besucht oder online Kontakt in einem Chat-Forum sucht.

Es (allen) einfach machen

Sowohl das Vorgehen in der systemischen Beratung als auch das in der Arbeit im Autismus-Bereich zeichnet sich dadurch aus, dass bevorzugt »einfach« vorgegangen wird. Im Bereich Autismus werden einfache Hilfen erarbeitet, indem visuelle Hilfestellungen erstellt werden, mit deren Unterstützung Menschen mit Autismus selbstständiger handeln können. Konkret kann dies beispielsweise eine Markierung auf dem Boden in der Form gezeichneter Fußabdrücke sein, die den Ort erkenntlich machen, an den die Schuhe nach dem Ausziehen gestellt werden sollen. Interessen von Menschen mit Autismus als Motivationsstütze einzusetzen erleichtert es diesen, sich auch mit herausfordernden Inhalten zu beschäftigen – beispielsweise kann ein Stempel eines Lieblingsobjektes wie einem ICE-Zug ein zunächst ungeliebtes Arbeitsblatt in der Schule attraktiver oder weniger unangenehm machen. Menschen mit Autismus benötigen von Helfenden verständliche Informationen, was durch die Verwendung einer einfachen und eher nüchtern gestalteten Sprache sichergestellt werden kann.

Auch systemische Beraterinnen versuchen, ihre Hilfe möglichst »einfach« zu gestalten. Dies spiegelt sich einerseits in der Verwendung klar strukturierter Methoden wider (▶ Kap. 7.7.4). Die verwendete Sprache vermeidet komplizierte Fachtermini und versucht insgesamt breit anschlussfähig zu sein. Die Verwendung dieser Sprache ist verankert in der Entwicklung des »Reflecting Teams« (▶ Kap. 5.1). Auch hier gilt es, eine komplizierte Fachsprache gegen die allgemein verständliche einzutauschen, damit möglichst wenig Energie auf Seiten der Ratsuchenden für das Verständnis der Inhalte investiert werden muss und sie sich unvoreingenommen und ungehindert in das Gespräch einbringen können.

Viel von dem tun, was hilft

Lösungen für manchmal scheinbar ausweglose Situationen zu finden, eint den Autismus-Bereich und die systemische Beratung. Verbindend ist zudem der besondere Fokus auf die Ressourcen der Hilfesuchenden. Es gibt in beiden Bereichen vielfältige Erfahrungen darüber, wie Lösungen für unterschiedliche Situationen angeregt und auch erreicht werden können.

Die Frage danach, was hilft und was nicht, sollten einerseits Fachkräfte in ihrer täglichen Arbeit selber für sich klären. Andererseits entscheidet am Ende das Vorankommen der Anfragenden hinsichtlich ihrer Probleme. Menschen mit Autismus sind erfahrungsgemäß gut dazu in der Lage, anzugeben, was *nicht* hilfreich ist. Die Unterscheidung in »gut« und »schlecht« fällt ihnen leicht und wird entweder verbal oder durch ihr Handeln ausgedrückt. Die beschriebene Fähigkeit dieser Menschen, Handlungen zu unterlassen, die nicht hilfreich sind, kann Fachkräften dabei helfen, zu erkennen, was in der Folge alternativ zu tun ist, um die Unterstützung hilfreich zu gestalten.

Die systemische Beratung geht in ihrer Grundhaltung davon aus, dass Menschen in ihrem Handeln nicht instruierbar sind. Das kann für die Ausrichtung der Beratung entspannend wirken, wenn von vornherein gilt, dass die Ratsuchenden nur Impulse in ihr Handeln integrieren, die sie als hilfreich bewerten und erleben.

Wie aufgezeigt, gibt es gute Möglichkeiten, die Arbeit danach auszurichten, was hilfreich für die Ratsuchenden ist. Sowohl im Autismus-Bereich als auch in der systemischen Beratung ist die Orientierung an den Erfolgen der Unterstützung daran, wie die Ratsuchenden den Prozess erleben, identisch. Die daraus resultierende Grundhaltung, sich in den Dienst der Ratsuchenden zu stellen, ebenso.

Entlastung spürbar werden lassen

Die systemische Beratung geht davon aus, dass es wenig sinnvoll ist, einen direkten Zusammenhang zwischen den Verhaltensweisen eines Menschen und seinen Problemen zu suchen. Diese Form der Beratung richtet den Blick weg von den Personen hin zu den Zusammenhängen und die Bedingungen, unter denen Verhaltensweisen nachvollziehbarerweise entstehen. Grundlegend ist der Gedanke, dass es für jedes Verhalten – sei es auch noch so schwer verständlich – gute Gründe gibt. Durch diese Vorgehensweise wird der »Problem-Mensch« persönlich entlastet und seinen Verhaltensweisen wird ein Sinn bzw. ein Nutzen zugeschrieben. Dies bewirkt, dass sich Anfragende verstanden fühlen und auch schwierige Aspekte ihres Verhaltens akzeptieren können.

Auf den Autismus-Bereich übertragen würde das bedeuten, den Menschen mit Autismus von seinen Verhaltensweisen zu trennen. Wenn es in den Beratungen dann nicht mehr darum geht, weiter Belege dafür sammeln, dass es wieder einmal »sehr schwirig war«, wird der Weg dafür frei, diesen Verhaltensweisen einen Nutzen zuzuschreiben. Die Energie wird somit eher auf die guten Gründe für Verhaltensweisen gelenkt. Wenn beispielsweise ein Junge mit Autismus regelmäßig aus seinem Klassenraum wegläuft, könnte überprüft werden, ob er womöglich eine Anforderung abwehren will oder ob er mehr Bewegungsmöglichkeiten braucht. Gerade in Diskussionen, die davon geprägt sind, Menschen mit Autismus einen womöglich »schlechten Charakter« zu unterstellen, kann diese Vorgehensweise helfen, wieder das Verhalten in den Vordergrund zu rücken und nicht den Menschen insgesamt zu problematisieren.

Die systemische Sichtweise würdigt Anstrengungen, die unternommen wurden, einen eigenen Umgang mit Problemen zu finden. Erfahrungsgemäß ist dieser Punkt für die Beratung von Eltern eines Kindes mit Autismus sehr relevant. Diese kommen häufig in dem Bewusstsein in Kontakt mit einer Anlaufstelle, dass sie selber nicht in der Lage sind, eine Lösung für ihre u. U. kraftzehrende Situation zuhause zu finden. Indem die Beratenden für diese Eltern den Raum öffnen, eigene Anstrengungen darzustellen und indem der Einsatz dieser Eltern gewürdigt wird, reagieren diese in der Regel sehr erleichtert. Die Eltern gehen in Folge dessen gestärkt und entlastet aus einem solchen Gespräch. Eine derartige Wirkung kann auch durch den Einsatz von sogenannten »Ressourcenkarten« (▶ Kap. 2.2) unterstützt werden.

Entlastend kann zudem sowohl im Autismus-Bereich als auch in der systemischen Beratung die Priorisierung von Themen sein. Wenn »nicht alles auf einmal«, sondern »nach und nach« bearbeitet wird, können Energiereserven geschont und ein erfolgreiches Vorankommen begünstigt werden. Fachkräfte sollten aktiv dazu beitragen, »Zwischenschritte« oder erste, leicht zu erreichende Ziele zu festzulegen, damit die Zusammenarbeit »machbar« bleibt, das Tempo konstant bleibt und nicht »gehetzt« wird.

Die Geschäftsführung eines Trägers, der mehrere Wohngemeinschaften für Menschen mit Autismus betreut, beschließt die wöchentliche Arbeitszeit der Mitarbeiterinnen auf maximal dreißig Wochenstunden zu begrenzen. Dies wird mit der hohen Arbeitsbelastung in diesem Bereich begründet. Diese mache eine Vollzeitbeschäftigung schwierig. Die Mitarbeiterinnen reagieren unterschiedlich auf diese Mitteilung. Einige fühlen ihren eigenen Belastungsgrade passend wahrgenommen und empfinden Entlastung durch die Entscheidung der Geschäftsführung. Andere Mitarbeiterinnen, die Vollzeit arbeiten wollen, denken über eine Kündigung nach, da sonst ihr Gehalt nicht ausreicht.

In einer systemischen Beratung kann an dieser Stelle nachgefragt werden, welche Beweggründe die Geschäftsführung für ihre Entscheidung hatte. Zudem könnte im Anschluss auch überlegt werden, unter welchen Bedingungen Mitarbeiterinnen auch bei diesem Träger Vollzeit arbeiten könnten. Womöglich muss das Thema »Selbstfürsorge« oder »hohe Ansprüche an die eigene Arbeit« stärker berücksichtigt werden. Wertvolle Fachkräfte könnten auf diese Weise auch längerfristig gehalten werden und gute Arbeit bei diesem Träger leisten.

Gesundheit fördern

Autismusspezifische Förderung (▶ Kap. 5) unterstützt Menschen mit Autismus, mit Herausforderungen besser umgehen zu können. Dazu können auch Themen wie »Ernährung« oder »Stresserleben« im Alltag zählen. Durch die Hilfe lernen diese Menschen, besser auf ihre Bedürfnisse zu achten und Überbelastung zu vermeiden – grundlegende Voraussetzungen dafür, physisch und psychisch gesund zu bleiben. Durch ihre oft recht »logische« Denkweise, sind einige Menschen im Autismus-Spektrum ohnehin eher abgeneigt, »offensichtlich« schädliche Dinge zu tun wie »Rauchen« oder Alkohol zu konsumieren. Sie achten darauf, sich nicht unnötig Schaden zuzufügen. Manche von ihnen geraten dadurch phasenweise auch unter Druck, wenn sie beispielsweise realisieren, dass das Trinken von Alkohol auf einer Party wichtig sein kann, um nicht als »Außenseiter« zu gelten, oder weil sie hoffen, durch die Wirkung von Alkohol entspannter auf andere zugehen zu können. Die Entscheidung, Ausnahmen zu machen bezüglich dieser Verhaltensweisen oder eben doch auch ohne Alkohol den Abend auf der Party zu verbringen, kann diese Menschen in ein Dilemma stürzen, dass sich u. U. negativ auf ihre psychische Gesundheit auswirken kann. In solchen Fällen wäre es wichtig, Hilfestellungen anzubieten, wie hier zu einer guten Entscheidung gekommen werden kann. Womöglich kann diese Hilfe auch schon darin bestehen, das Konzept von Ausnahmen zu erklären und diesen Menschen auf diese Weise eine psychische Entlastung anzubieten.

Es kann vorkommen, dass sich Mitarbeiterinnen im Bereich Autismus unter Druck setzen, schnell bestmögliche Resultate zu erzielen. Dies kann bedeuten, dass es sich um eine Auswirkung der Arbeitsthemen in diesem Bereich handelt. Therapeutinnen und Pädagoginnen im Bereich Autismus sind oft bemüht, die bestmögliche Umsetzung spezifischer Fördermethoden voranzubringen. Mitarbeiterinnen haben hier womöglich hohe Ansprüche an ihr eigenes Engagement.

In diesen Situationen kann es passieren, dass zu wenig auf eigene Ressourcen und die eigene Gesundheit geachtet wird. Damit Mitarbeiterinnen im Bereich Autismus ihre Aufgaben in Einklang mit ihren Ressourcen zufriedenstellend leisten können, kann systemische Beratung helfen, »Selbstfürsorge« zu betreiben.

Auch wenn die Auswirkungen der Arbeit im Bereich Autismus für Fachkräfte (▶ Kap. 2.3) erfahrungsgemäß sehr unterschiedlich sind, sollten diese auch unterstützt werden, auf ihr eigenes Wohl zu achten und sich nicht zu überfordern. Bei starker Belastung sollte im Rahmen der Beratung dann eher das »Erleben« der eigenen Situation beleuchtet werden als die Frage danach, wer was wie genau noch besser in der Unterstützung der Menschen mit Autismus machen kann.

Der »Blick« der systemischen Beratung auf das, was bereits jetzt gut ist, kann Gesundheit fördern. Mitarbeiterinnen, die darin unterstützt werden, sich selbst als »wirksam« und erfolgreich zu sehen, sind hinsichtlich der eigenen Arbeit belastbarer und positiver gestimmt. Entsprechende Impulse können auch leicht integrierbar sein, wenn die Mitarbeiterinnen beispielsweise in der Eingangsrunde einer Teamsitzung zunächst darüber berichten, was im Rahmen ihrer Arbeit gerade gut läuft. Alternativ kann der Austausch über gut gemeisterte, aktuell herausfordernde Situationen diesen Effekt hervorrufen.

Vielfalt in den Methoden

Systemische Beratung nutzt Methoden (▶ Kap. 7.7.4) für die Bearbeitung unterschiedlicher Anliegen. Die eingebrachten Anliegen werden durch eine große Anzahl möglicher Interventionen konkretisiert. Dies geschieht beispielsweise durch Visualisierung in Form von Aufzeichnungen auf dem Flipchart, Skulpturarbeit[13] im Raum oder auf dem Tisch oder Bildkarten zum Einsatz kommen. Weiterhin gehören Fragetechniken wie das zirkuläre oder triadische Fragen (▶ Kap. 7.7.3) zum Handwerkszeug der Beraterinnen.

Im Bereich Autismus wuchs mit der genaueren Erforschung des Themas auch das Bewusstsein, das Menschen mit Autismus eine spezifische Unterstützung benötigen. Aufbauend auf die Erkenntnisse rundum Themen wie »Besonderheiten der Wahrnehmung« (▶ Kap. 1 und ▶ Kap. 2.1), »Einschränkung der kommunikativen Fähigkeiten« und »Einschränkung der zwischenmenschlichen Kontaktgestaltung« wurden unterschiedliche Methoden (▶ Kap. 5) entwickelt. Viele dieser Methoden werden mittlerweile seit mehreren Jahrzehnten angeboten und bezüglich ihrer Wirksamkeit regelmäßig evaluiert. Wie genau die jeweilige Unterstützung für Menschen mit Autismus aussieht, wird individuell festgelegt. Die Beratung der Familien und weiterer beteiligter Institutionen ist Bestandteil der Förderung in entsprechenden Beratungsstellen.

»Ganzheitlichkeit« spielt bezüglich der Ausrichtung der Hilfe eine wichtige Rolle, sodass es gängige Praxis ist, bestimmte Teilschwerpunkte unterschiedlicher Methoden zu kombinieren für eine spezifische Unterstützung. Somit könnte ein

---

13 Aufstellungen mit den Teilnehmenden als Stellvertreter für die Familienmitglieder im Raum oder Skulpturen aus Materialien wie Holzfiguren oder Tierfiguren zur Visualisierung bestimmter Konstellationen.

»Ablaufplan« nach TEACCH[14] für die notwendige Voraussehbarkeit in einer Förderung sorgen und innerhalb dieses Plans auch eine Kommunikationsförderung nach PECS[15] eingebunden werden.

In beiden Bereichen beliebt und oft genutzt ist die Arbeit mit Skalierungen (▶ Kap. 7.7.4). Der Einsatz dieser Methode kann sowohl in der Arbeit mit Klienten im Autismus-Spektrum als auch in der systemischen Beratungsarbeit nützlich sein. Skalierungen können Fragen nach vielschichtigen Inhalten wie beispielsweise persönlicher Belastung oder Zufriedenheit vereinfachen und wertvolle Impulse für das gemeinsame Gespräch darüber geben. Diesbezüglich hat sich auch bewährt, danach zu fragen, unter welcher Belastung Mitarbeiterinnen ihre Arbeit »dauerhaft gut ausfüllen« können. Dabei können Einsichten kommen, dass es für einige Mitarbeiterinnen schlicht zu »langweilig« ist, wenn die Belastung kaum spürbar ist und sie genau deshalb im Bereich Autismus arbeiten. Für andere Mitarbeiterinnen ist es andererseits möglich, eine zu starke Belastung zu thematisieren und gemeinsam zu überlegen, was genau passieren müsste, damit sie auf der Belastungsskala einige Punkte nach unten kommen.

8.4 Geteilte Verantwortung in der Unterstützung

Für das Gelingen der Unterstützung im Bereich Autismus und in der systemischen Beratung gilt es, Verantwortungen innerhalb des Prozesses auch zu trennen und insgesamt zu klären. Einerseits gibt es hierbei Aspekte, die vor allem von Fachkräften beachtet werden sollten und andererseits auch Punkte, die in den Verantwortungsbereich der Anfragenden fallen.

Auf Seiten der Fachleute sind folgende Bereiche zu berücksichtigen:

Qualität ist wichtig

Qualitätssicherung gehört in der systemischen Beratung zu den Aufgaben unterschiedlicher Dachverbände wie u. a. der Systemischen Gesellschaft (SG) und der Deutschen Gesellschaft für Supervision (DGSv). Auch Weiterbildungsinstitute sind Orte, an denen Qualitäts-Standards diskutiert und definiert werden.

Die Wirksamkeit des eigenen Handelns zu überprüfen und abzusichern, ist sowohl für Mitarbeiterinnen im Bereich der systemischen Beratung als auch im Autismus-Bereich wichtig.

---

14 Treatment and Education of Autistic and related Communication handicapped Children – Förderprogramm zur Unterstützung selbständigen Handelns, das Menschen mit Autismus durch unter anderen »Visualisierung« und »Strukturierung« verständliche Informationen vermittelt.

15 Picture Exchange Communication System – Fördermethode zur Unterstützung spontaner Kommunikation bei Menschen mit Autismus

Der Anspruch daran, dass die eigene Arbeit »etwas bringen soll«, ist bei Mitarbeiterinnen im Bereich Autismus erfahrungsgemäß insgesamt recht hoch. Dies kommt vielleicht dadurch, dass einige Maßnahmen auch mit Steuergeldern finanziert werden, und dass diese Tatsache zu einem besonderen Bewusstsein und dem verantwortungsvollen Umgang mit diesen Mitteln anregt. Transparenz bezüglich der Vorgehensweise in der Förderung und die Evaluation des Erreichten wird durch die Berichterstattung an die Kostenträger geschaffen. Die Formulierung möglicher Ziele der Maßnahmen wird durch den Rahmen der »Jugendhilfe« fokussiert – konkret durch Hilfeplangespräche beim Jugendamt, in deren Verlauf Ziele definiert werden, die Vorgehensweise abgestimmt, und der Verlauf insgesamt evaluiert wird.

Viele Ansätze, die in der autismusspezifischen Förderung (▶ Kap. 5) zum Einsatz kommen, werden durch die Mitarbeiterinnen in diesem Bereich hinsichtlich ihrer Wirksamkeit immer wieder überprüft. Stellen, die Fortbildungen zu diesen Fördermethoden anbieten, setzen sich dafür ein, dass Standards eingehalten werden und die Mitarbeiterinnen bestmöglich fortgebildet werden. Auch diese Angebote werden regelmäßig durch Feedback der Teilnehmenden und weitere Maßnahmen zur Qualitätssicherung evaluiert.

Einen guten Standard zu erreichen und zu halten, wird im Autismus-Bereich auch durch Fortbildungsangebote für die Mitarbeiterinnen erreicht. In den meisten Institutionen ist das Angebot guter Aus- und Fortbildungsmaßnahmen erfahrungsgemäß sehr wichtig. Zur Sicherung der Qualität nehmen die Mitarbeiterinnen bei vielen Stellen zudem regelmäßig an Fachberatung (▶ Kap. 7.5) und Supervision (▶ Kap. 7.2 und ▶ Kap. 7.7) teil.

Auch die Wirksamkeit der systemischen Arbeitsweise ist wissenschaftlich belegt (▶ Kap. 6.10). Das eigene Handeln wirksam auszurichten, beschäftigt alle in dem Bereich der systemischen Beratung Tätigen. Einerseits wird dies bereits in Weiterbildungen durch Einblicke in die Anwendung unterschiedlicher Methoden vermittelt (▶ Kap. 5). Andererseits wird dies auch in der Literatur – konkret zum Thema systemische Supervision – aufgegriffen. Carla van Kaldenkerkens Buch »Wissen was wirkt« (van Kaldenkerken, 2014) trägt dieses Thema beispielsweise direkt im Titel. Das Buch »Die 5 Wirkfaktoren der systemisch integrativen Therapie und Beratung« von Walther Cormann aus dem Jahr 2014 verfolgt ein ähnliches Ziel: die Wirkfaktoren der eigenen Arbeit vor Augen zu haben und diese innerhalb eines klaren Rahmens gewinnbringend einzubringen. Cormann schreibt hierzu:

> »Zu diesen unabdingbaren und grundlegenden 5 Wirkfaktoren zähle ich die Therapeutenpersönlichkeit, das angemessene und passende Setting, den Gebrauch der Therapie- und Beratungsschleife[16], den richtigen handwerklichen Einsatz systemisch-integrativer Methoden und Interventionen sowie schließlich die Mitwirkungsbereitschaft und damit die Mitverantwortung unserer Kunden und Klienten an der Umsetzung neu gewonnener Erkenntnisse und Erfahrungen in ihren Lebensalltag.« (Cormann, W., 2014, S. 11)

Zur Qualitätssicherung begeben sich systemischen Beraterinnen regelmäßig in sogenannte »Kontroll-Supervision« und nutzen verschiedene Fortbildungsange-

---

16 Besondere Struktur des Vorgehens innerhalb des beraterischen Prozesses

bote. Aus Weiterbildungsgruppen, die sich an einem Institut kennengelernt haben, entstehen Intervisions- und Fachgruppen, die sich zur Qualitätssicherung regelmäßig treffen und miteinander Fragen aus der aktuellen Arbeit bearbeiten. Die Mitgliedschaft in einem Dachverband unterstützt die Sicherung der eigenen Arbeit bezüglich geltender Qualitätsstandards auch nach außen. Für einige Auftraggeber ist die Mitgliedschaft in einem Dachverband Voraussetzung für die Zusammenarbeit mit einer systemischen Beraterin.

Stärken und Grenzen des eigenen Bereiches kennen und beachten

Im Bereich Autismus können auch Grenzen der systemischen Beratungsarbeit (▶ Kap. 6.7) konkret erlebt werden. Beispielsweise beim Einsatz konkreter systemischer Methoden (▶ Kap. 7.7.4 und ▶ Kap. 7.7.5), die die Fähigkeit zum Perspektivwechsel voraussetzen. Menschen mit Autismus sind dazu nicht unbedingt befähigt, sodass sie hier entlastet und andere Methoden angewandt werden sollten. Zudem gibt es auch Menschen im Autismus-Spektrum, die durchaus in der Lage sind, ihre Probleme zu schildern und auch Leidensdruck verspüren. Wenn es dann aber um die Frage nach möglichen Lösungen für problembehaftete Situationen geht, sind sie nicht selten stark überfordert. Vielleicht kennen sie ähnliche Situationen, in denen sie keine Antwort auf ihre Fragen formulieren können und reagieren entsprechend frustriert. Wenn Beraterinnen in diesen Situationen zu lange warten und davon ausgehen, dass die Ratsuchenden selber in der Lage sein sollten, eine Lösung zu präsentieren, vergrößern sie damit womöglich das Leid auf Seiten der Anfragenden. In diesen Situationen sollten die Beraterinnen dann bereit ein, großzügig mögliche Lösungsideen anzubieten, die dann durch die Ratsuchenden konkret ausprobiert und hinsichtlich ihres Nutzens abgewogen werden können.

Insgesamt erinnert der Bereich Autismus den Bereich der systemischen Beratung daran, dass es auch Grenzen hinsichtlich der als »sicher gedachten« Grundlagen gibt. Das Thema Autismus hilft, den Blick systemischer Therapeutinnen zu schärfen und eine kritische Grundhaltung bezüglich des Einsatzes bestimmter Methoden oder des Vorgehens in der Beratung insgesamt zu bewahren.

> Eine Familie mit einem Jungen mit Autismus bricht eine gemeinsame systemische Familientherapie nach dem ersten Termin ab, da die beiden Therapeutinnen in den Augen der Eltern sehr unpassend reagieren, als der Junge plötzlich aus dem Raum und aus der Beratungsstelle rennt. Die Eltern machten sich große Sorgen und wollen die Sitzung unterbrechen, um nach ihrem Sohn zu schauen. Die beiden Therapeutinnen mahnen zur Ruhe und raten, darauf zu vertrauen, dass ihr Sohn schon wiederkomme. Für die Eltern ist dies nicht hinnehmbar und Anlass dafür, die gerade erst begonnene Zusammenarbeit direkt wieder zu beenden. Sie beschrieben diese Situation als frustrierend.
>
> Vermutlich wäre es hilfreich gewesen, wenn die Therapeutinnen gefragt hätten, was jetzt zu beachten ist und die Entscheidung darüber, ob die Thera-

pie für die Suche nach dem Jungen unterbrochen werden soll, den Eltern zu überlassen und dabei deren Einschätzung der notwendigen Unterstützung für ihren Sohn zu nutzen.

Eine der großen Stärken von systemischer Arbeit im Bereich Autismus ist ihr grundlegender Impuls, den Blick der anfragenden Menschen insgesamt zu weiten und sich im eigenen Handeln auch einmal »zu beobachten«. Durch die Grundannahme, dass Wirklichkeit immer auch durch diejenigen, die diese beschreiben, »gemacht wird«, kann sie folglich auch umgestaltet und »anders gemacht« werden. Für den Bereich Autismus hält die systemische Herangehensweise viele nützliche Impulse bereit, mit denen beispielsweise eingefahrene Routinen hinterfragt und Erfolge des eigenen Handelns gesehen werden können.

Die autismusspezifische Arbeit kennt Antworten auf Fragen, die im Zusammenhang mit den Auswirkungen von Autismus (▶ Kap. 2) aufkommen können. Sie kennt die Besonderheiten im Bereich der Wahrnehmung bei Menschen mit Autismus und hält wichtige Hilfestellungen für diese Menschen und ihre Bezugspersonen bereit. Das Vorgehen in den Fördermethoden (▶ Kap. 5) unterscheidet sich von den Herangehensweisen anderer Methoden, da diese konkret auf diesen Personenkreis hin ausgerichtet sind. Wo andere Methoden scheitern und Situationen nur unzureichend oder sogar negativ beeinflussen, ist es in der Arbeit mit diesen Methoden möglich, wirklich hilfreiche und nachhaltige Impulse geben zu können.

Eine generelle Haltung der systemischen Arbeit, die sich im Bereich Autismus leider oftmals nicht anbietet, ist der »Blick über den Tellerrand des Autismus« hinaus. Sie kann »hausgemachte« Probleme lösen, wenn sie mit dem Thema Autismus zu tun haben. Die Frage danach, wie ein hilfreicher nächster Schritt aussehen könnte, kann sie beantworten mit den Mitteln ihres Bereiches – dem bestmöglichen Umgang mit Menschen mit Autismus. Was dabei nicht immer mitgedacht wird, ist »die Mitarbeiterin«, die die Hilfe anbietet und umsetzt. Dafür gibt es allerdings die systemische Beratung, die einen Reflexionsrahmen bietet, die Arbeit »ruhen zu lassen« und das Arbeitsgeschehen auf der Metaebene, also »von oben« zu beobachten. Dieses Angebot bietet die systemische Supervision (▶ Kap. 7.2).

Alle Beteiligten bekommen die Möglichkeit, ihre Sichtweise einzubringen

Das Prinzip der Allparteilichkeit[17] spiegelt die demokratische Denk- und Vorgehensweise innerhalb der systemischen Therapie. Sie respektiert, dass alle Menschen anders sind, und somit auch eine ganz eigene Sicht auf die Dinge haben. Diese Unterschiedlichkeit nutzbar zu machen, ist das Anliegen der Beratung. Es gilt einerseits, dass Beraterinnen dazu einladen, dass alle Beteiligten ihre Sicht-

---

17 Ausdruck in der systemischen Beratungsarbeit dafür, dass *alle* beteiligten Personen eine eigene Sichtweise haben und diese wertgeschätzt wird. Beratende verhalten sich entsprechend nicht »parteiisch«, sondern »allparteiisch«.

weisen einbringen können. Andererseits ist wichtig, dass die Beteiligten sich dann auch mit ihren Fragen und Anliegen einbringen.

Für ein Team im Autismus-Bereich kann diese Sichtweise hilfreich sein, wenn es beispielsweise zu Problemen bei der Übertragung bestimmter Förderinhalte in einen anderen Kontext wie den einer Kita kommt. Wenn Prozesse ins Stocken geraten und es bei den Teambesprechungen häufig um die Frage geht, warum die Übertragung der Förderinhalte in einen anderen Kontext nicht gelingt, kann es hilfreich sein, sich zu fragen, wer eigentlich was denkt und in diesem Prozess erreichen will.

Sichtweisen auch von Menschen ohne Autismus, bindet die Arbeit im Autismus-Bereich durch die »Umfeld-Arbeit« ein. Eltern, deren Kind an einer Förderung teilnimmt, werden beispielsweise zur Situation zuhause interviewt. Bei Hospitationen in Kontexten wie »Kita« oder »Schule« nehmen die Fachkräfte Kontakt zu weiteren Bezugspersonen auf, die mit dem Kind mit Autismus arbeiten. Der Unterschied zwischen systemischer Beratung und der Arbeit im Autismus-Bereich besteht darin, mit welcher Intention zu weiteren Beteiligten Kontakt aufgenommen wird. Richten Fachkräfte aus dem Autismus-Bereich ihre Fragen an die Bezugspersonen mit dem Ziel der weiteren Informationssammlung zum konkreten Alltag, beachten systemische Beraterinnen auch die »Einstellung« der Befragten bezüglich eines Vorgehens – ob sie beispielsweise den Eindruck haben, dass ihr Gegenüber das Vorgehen als sinnvoll erlebt und ob es »Widerstände« gibt.

Durch den Blick auf die Unterschiedlichkeit in den Sichtweisen entsteht ein breiteres Verständnis für zugrundeliegende Ursachen für die Probleme bei der Übertragung. Den Blick auch auf Personen zu weiten, die nicht zum Team der Förderstelle gehören, aber sehr wohl auch Teil des Prozesses sind, kann zu neuen Erkenntnissen führen und neue Möglichkeiten bringen, den Prozess wieder voranzubringen.

Die Auswirkungen von Autismus (▶ Kap. 2) sind sehr unterschiedlich und nicht nur für Menschen innerhalb des Spektrums relevant. Entsprechend ist die Auseinandersetzung mit den Besonderheiten auch für Eltern (▶ Kap. 2.2.), Institutionen (▶ Kap. 3) und Fachkräfte (▶ Kap. 2.3) wichtig. Auch wenn es im Grunde unmöglich ist, die Auswirkungen von Autismus konkret zu erfassen, gibt es doch so etwas wie gemeinsame Erfahrungen und typische Themen, die in den unterschiedlichen Bereichen und bei Menschen mit Autismus gehäuft auftauchen. Diese Herangehensweise ist bislang eher in der systemischen Beratung beheimatet als in der Arbeit im Autismus-Bereich.

Die beschriebene Sichtweise ermöglicht es Helfenden, die eigene Rolle zu relativieren, das eigene Handeln breiter aufzustellen und besser abzustimmen auf die Auswirkungen im Gesamtsystem. Das Gelingen einer ganzheitlichen Unterstützung wird auf diese Weise zu einer »gemeinsamen Sache«.

Die Leiterin einer Schule mit dem Förderschwerpunkt Lernen bemerkt, dass das Thema Autismus in der Lehrerschaft zunehmend zu einem Reizthema wird. Ihr fällt auf, dass einige Lehrerinnen in den Dienstbesprechungen bei diesem Thema mit den Augen rollen. Ihre Pläne, in Zukunft weitere Kinder aufzunehmen und damit auch einen Kompetenzschwerpunkt nach außen hin sichtbar zu machen, werden sehr kritisch und auch abwehrend kommentiert. Maßnahmen wie Fortbildungen in spezifischen Fördermethoden und eine regelmäßige Fachberatung haben nichts geändert an der Einstellung der Lehrerinnen diesem Thema gegenüber.

In diesem Fall wäre eine systemische Beratung angebracht, um mit der Lehrerinnenschaft über ihre Einstellung dem Thema Autismus gegenüber zu sprechen. Denkbar ist, dass in diesem Rahmen Themen wie eine gestiegene Belastung durch bestimmte Schüler mit Autismus, eigene Unsicherheit im Umgang mit diesem Thema oder auch konkret negative Erfahrungen angesprochen werden. Mit diesen Informationen kann in der Folge abgeklärt werden, wie eine gemeinsame Umsetzung des Ziels der Leiterin unter Berücksichtigung der Ressourcen in der Lehrerschaft gestaltet werden kann.

Es braucht in diesen Situationen die Unterstützung durch eine externe Beraterin, da die Leiterin vermutlich – aufgrund der vorherrschenden Hierarchie zwischen Leitung und Kollegium – wenig erreichen kann.

Auf Seiten von Ratsuchenden gilt es, für die folgenden Bereiche Verantwortung zu übernehmen:

Alle Beteiligten bringen ihre eigene Sichtweise aktiv ein

Es wurde bereits beschrieben, dass Beratungsarbeit, egal in welchem Bereich, nur hilfreich sein kann, wenn klar ist, was sich für die Ratsuchenden gegenüber der aktuellen Situation ändern soll. Diese Anliegen genauer zu erarbeiten kann mühselig und konkret im Falle von Menschen mit Autismus auch erheblich erschwert sein. Womöglich sind einige Menschen mit Autismus nicht in der Lage, auf entsprechende Fragen zu antworten – entweder, weil ihnen eine verbale Kommunikation gar nicht möglich ist, oder sie die Frage aus den typischen Schwierigkeiten heraus, überfordert. In diesen Fällen würde dann eine standardisierte Förderdiagnostik helfen, Probleme zu erkennen und daraus adäquate Förderschwerpunkte zu erarbeiten. Diese könnten in der Folge mit einem Selbstverständnis auf Seiten der Therapeutinnen, dass diese Menschen durch die Maßnahmen unterstützt werden am Leben in der Gemeinschaft, gestaltet werden.

Das Einbringen entsprechender Ideen und Vorstellungen ist Voraussetzung für das Gelingen und die ganzheitliche Ausrichtung und geht daher mit großer Eigenverantwortung einher. Menschen mit Autismus, die in der Lage sind, eigene Wünsche zu formulieren, sollten dies auch tun – ebenso wie alle weiteren Beteiligten –, damit die Unterstützung sinnvoll und erfolgreich verlaufen kann.

Auch die Übertragung der Ergebnisse und Impulse aus der Förderung und der Beratung in den Alltag zuhause oder an anderen Orten liegt mit in der Verantwortung der Anfragenden. Es liegt wortwörtlich in ihren Händen, den Erfolg der Förderung und der Beratung in ihren Alltag zu integrieren.

Die Diagnosezahlen (▶ Tab. 1.1) im Bereich Autismus lassen den Schluss zu, dass dieses Thema weiterhin bedeutsam in der Beratung und Förderung sein wird bzw. noch weiter an Relevanz gewinnen wird. Der Bedarf an Unterstützung durch systemische Beratung besteht konkret bei bereits etablierten, wie auch bei »neuen« Trägern, die ihre Angebote im Bereich Autismus ausgebaut haben oder sich diesem Bereich gegenüber geöffnet haben. Die systemische Beratung ist folglich »gut beraten«, sich dem Bereich Autismus zuzuwenden und weiter zu öffnen.

Durch die Öffnung der systemischen Beratung gegenüber dem Thema Autismus, entsteht für sie ein neuer attraktiver und breiter Wirkungsbereich, in dem auch die Beschäftigten neue Impulse erhalten können, wie ihre Arbeit »verträglicher« und nachhaltiger gestaltet werden kann.

Literaturverzeichnis

Asgodom, S. (2013). So coache ich – 25 überraschende Impulse, mit denen Sie erfolgreicher werden (4. Auflage). München: Kösel-Verlag.
Attwood, T. (2012). Ein Leben mit dem Asperger-Syndrom: Von Kindheit bis Erwachsensein – alles was weiterhilft. Stuttgart: TRIAS.
Attwood, T. (2016). Asperger-Syndrom: das erfolgreiche Praxis-Handbuch für Eltern und Therapeuten. Stuttgart: TRIAS.
Bernard-Opitz, V. & Nikopoulos, C. (2016). Lernen mit ABA und AVT. Applied Behavior Analysis und Autismusspezifische Verhaltenstherapie. Stuttgart: Kohlhammer.
Baecker, D. (1993). Kybernetik zweiter Ordnung, in H. von Foerster (Hrsg.), Wissen und Gewissen, Frankfurt a. M.: Suhrkamp, 17–23.
Blocker, J. R. & Yuker, H. E. (2006). Ich sehe was, was du nicht siehst: 250 optische Täuschungen und visuelle Illusionen. München: Wilhelm Goldmann Verlag.
Bölte, S. (Hrsg.) (2015). Autismus. Bern: Verlag Hans Gruber.
Cormann, W. (2014). Die 5 Wirkfaktoren der systemisch integrativen Therapie und Beratung. Stuttgart: Klett-Cotta.
Deutsche Gesellschaft für Supervision e. V. DGSv. (2012). Supervision ein Beitrag zur Qualifizierung beruflicher Arbeit (8., überarbeitete Auflage). Köln. Zugriff am 20.06.2020 unter https://www.dgsv.de/wp-content/uploads/2019/02/Supervision_ein_Beitrag.pdf
Dilling, H., Mombour, W., Schmidt, M. H., Schulte-Markwort, E., & Remschmidt, H. (2015). Internationale Klassifikation psychischer Störungen: ICD-10 Kapitel V (F) klinisch-diagnostische Leitlinien (10. Auflage, unter Berücksichtigung der Änderungen entsprechend ICD-10-GM 2015.). Bern: Hogrefe Verlag.
Döring-Seipel, E. & Dauber, H. (2010). Was hält Lehrer und Lehrerinnen gesund – die Bedeutung von Ressourcen, subjektiver Bewertung und Verarbeitung von Belastung für die Gesundheit von Lehrern und Lehrerinnen. Zugriff am 20.06.2020 unter https://www.dgfe.de/fileadmin/OrdnerRedakteure/Sektionen/Sek13_DiffEBF/PHP/Doering-Seipel_Dauber_SALUTOa.pdf
Dzikowski, S. (1996). Ursachen des Autismus – Eine Dokumentation. Weinheim: Beltz.
Dziobek, I. & Bölte, S. (2015). Neuropsychologie und funktionelle Bildgebung. In S. Bölte (Hrsg.), Autismus. Bern: Verlag Hans Gruber.
Dziobek, I. (2015). Neuropsychologie und funktionelle Bildgebung. In S. Bölte (Hrsg.), Autismus (S. 131–152). Bern: Verlag Hans Gruber.
Flieger, P. & Schönwiese, V. (2015). Die UN-Konvention über die Rechte von Menschen mit Behinderung, in Heinrich-Böll-Stiftung (Hrsg), Inklusion-Wege in die Teilhabegesellschaft (S. 281). Frankfurt/New York: Campus Verlag.
Foerster, H. von (1993). Wissen und Gewissen-Versuch einer Brücke. Frankfurt a. M.: Suhrkamp.
Foerster, H. von & Bröcker, M. (2014). Teil der Welt: Fraktale einer Ethik – oder: Heinz von Foersters Tanz mit der Welt. Heidelberg: Carl-Auer Verlag.
Gollor, E. (2015). Hier fühle ich mich wohl – Systemische Pädagogik in der Grundschule. Heidelberg: Carl-Auer-Verlag.
Guyer, J. L. (2015). Ressourcenkarten – Ressourcen aktivieren in Psychotherapie und Beratung: 116 Karten zum lösungsorientierten Arbeiten. Weinheim: Beltz.
Häußler, A. (2016). Der TEACCH® Ansatz zur Förderung von Menschen mit Autismus-Einführung in Theorie und Praxis (5., verbesserte und erweiterte Aufl.). Dortmund: Verlag Modernes Lernen.

Häußler, A. (2017). Kompetenz-Schlüssel. Wege zum Handeln eröffnen. Dortmund: Borgmann.
Häußler, A., Happel, C., Tuckermann, A., Altgassen, M. & Adl-Amini, K. (2016). SOKO Autismus. Gruppenangebote zur Förderung sozialer Kompetenten bei Menschen mit Autismus. Erfahrungsbericht und Praxishilfen. Dortmund: Verlag Modernes Lernen.
Häußler, A., Tuckermann, A. & Kiwitt, M. (2014). Praxis TEACCH: Wenn Verhalten zur Herausforderung wird. Dortmund: Borgmann.
Herty, H. (2013). Mein Terminkalender stellt mich vor. In Neumann-Wirsig, H. (2013): Supervisions-Tools. 4.Aufl., Bonn: managerSeminare. 34–36.
Hennicke, K. & Rotthaus, W. (Hrsg.) (1993). Psychotherapie und Geistige Behinderung. Dortmund: Verlag Modernes Lernen.
Hildenbrand, B. (2018). Genogrammarbeit für Fortgeschrittene – Vom Vorgegebenen zum Aufgegebenen. Heidelberg: Carl-Auer Verlag.
Huber, M. (2012). Vortrag: Herausforderndes Verhalten bei Menschen mit Autismus und bei typisch wahrnehmenden Menschen. Mainz: TEACCH-Forum.
Huber, M. (2011). Vortrag: Ein Blick durch die Autismus-Brille. Trier: TEACCH-Forum.
Kaldenkerken, van C. (2014). Wissen was wirkt – Modelle und Praxis pragmatisch-systemischer Supervision. Hamburg: tredition.
Lambeck, S. (1992). Diagnoseeröffnung bei Eltern behinderter Kinder. Göttingen: Verlag für Angewandte Psychologie.
Massing, A., Reich, G. & Sperling, E. (2006). Die Mehrgenerationen-Familientherapie. Göttingen: Vandenhoek & Rupprecht.
Molnár, C. (2005). Applied Behavoir Analysis und die Frage nach Selbstbestimmung. Berlin: Weidler.
Neumann-Wirsig, H. (2013). Jedes Mal anders-50 Supervisionsgeschichten und viele Möglichkeiten, Heidelberg: Carl-Auer Verlag
Neumann-Wirsig, H. (Hrsg.) (2009). Supervisions-Tools (4. Aufl.). Bonn: manager Seminare.
Neumann-Wirsig, H. (Hrsg.) (2016). Lösungsorientierte Supervisions-Tools. (2. Aufl.). Heidelberg: Carl-Auer Verlag.
Palmowski, W. (2011). Systemische Beratung. Stuttgart: Kohlhammer
Preißmann, C. (2013). Psychotherapie und Beratung bei Menschen mit Asperger-Syndrom (3., überarbeitete und erweiterte Auflage). Stuttgart: Kohlhammer.
Preißmann, C. (2016). Glück und Lebenszufriedenheit für Menschen mit Autismus. Stuttgart: Kohlhammer.
Prior, M. (2017). MiniMax-Interventionen-15 minimale Interventionen mit maximaler Wirkung (14. Aufl.). Heidelberg: Carl-Auer Verlag.
Reich, K. (2000). Systemisch-konstruktivistische Pädagogik, Einführung in Grundlagen einer interaktionistisch-konstruktivistischen Pädagogik (3., überarb. Aufl.). Neuwied: Luchterhand.
Retzer, A. (2007). Systemische Paartherapie (3., durchgesehene Auflage). Stuttgart: Klett-Cotta.
Retzlaff, R. (2013). Familien-Stärken-Behinderung, Resilienz und systemische Therapie. Stuttgart: Klett-Cotta.
Riesner, S. (2019/2020). »Fragetechniken« im Handout zur Weiterbildung systemische Organisationsberatung am Supervisionszentrum Berlin (S. 31–35).
Rotthaus, W. (2010). Wozu erziehen? – Entwurf einer systemischen Erziehung (7. Auflage). Heidelberg: Carl-Auer Verlag.
Schatz, Y. & Schellbach, S. (2005). Kompetenzmappen: Entwicklung visualisieren- ein didaktischer Weg (2. Aufl.). Nordhausen: Verlag Kleine Wege.
Schlippe, von A. & Schweitzer, J. (2003). Lehrbuch der systemischen Therapie und Beratung. Göttingen: Vandenboek & Ruprecht.
Schirmer, B. (2019). Nur dabei zu sein reicht nicht – Lernen im inklusiven schulischen Setting. Stuttgart: Kohlhammer.
Schirmer, B. & Alexander, T. (2015). Leben mit einem Kind im Autismus-Spektrum. Stuttgart: Kohlhammer.

Schweitzer, J., Schlippe, von A. (2007). Lehrbuch der systemischen Therapie und Beratung II-Das störungsspezifische Wissen. Göttingen: Vandenboek & Ruprecht.
Schneewind, K. A. (2019). Familienpsychologie und systemische Familientherapie. Göttingen: Hogrefe.
Schopler, E., Bourgondien, M. E. van, Wellmann, G. J. & Love, S. (2010). Childhood Autism Rating Scale- Second Edition CARS-2. Los Angeles: Western Psychological Services.
Selvini Palazzoli, M., Boscolo, L., Cecchin, G. & Prata, G. (2003). Paradoxon und Gegenparadoxon (11. Auflage). Stuttgart: Klett-Cotta.
Siller, P. (2015). Inklusion- Wege in die Teilhabegesellschaft. In Heinrich-Böll-Stiftung (Hrsg.), Inklusion (S. 26). Frankfurt/New York: Campus Verlag.
Slotta, I. (2002). Autismus – Der nicht gelungene Umgang mit Verschiedenheit. Beiträge zur systemischen (Sonder-) Pädagogik. Dortmund: Verlag Modernes Lernen.
Sohlmann, S. (2009). Behinderung bei Kindern und Jugendlichen – Hilfen für Eltern, Therapeuten und Pädagogen. Wien: Facultas.
Sydow, K. von (2015). Systemische Therapie. München: Ernst Reinhardt Verlag.
Systemische Gesellschaft e. V. (2016). Der systemische Ansatz und seine Praxisfelder. Eine Informationsbroschüre der Systemischen Gesellschaft. Zugriff am 20.06.2020 unter https://systemische-gesellschaft.de/wp-content/uploads/2016/02/SG_Systemischer-Ansatz-und-seine-Praxisfelder.pdf
Theunissen, G. (2018), Autismus und herausforderndes Verhalten-Praxisleitfaden Positive Verhaltensunterstützung (2., aktualisierte Auflage). Freiburg im Breisgau: Lambertus.
Theunissen, G. & Paetz, H. (2011). Autismus – Neues Denken – Empowerment – Best-Practice. Stuttgart: Kohlhammer.
Turner-Brown, L. (2015). Vortrag: Praxis des TEACCH® Ansatzes in North Carolina: von der Frühförderung bis zum Erwachsenenalter. Mainz: TEACCH-Forum.
Vermeulen, P. (2018). Ich bin was Besonderes-Arbeitsmaterialien für Kinder und Jugendliche mit Autismus-Spektrum-Störungen (5. Auflage). Dortmund: Verlag Modernes Lernen.
Vero, G. (2014). Autismus – (m)eine andere Wahrnehmung. Illford: Feedaread.com.
Vogeley, K. (2016). Anders sein – Autismus-Spektrum-Störungen im Erwachsenenalter: ein Ratgeber. Weinheim: Beltz.
Watzlawick, P., Beavin, J.H. & Jackson, D. D. (2007). Menschliche Kommunikation – Formen-Störungen-Paradoxien (11., unveränderte Auflage). Bern: Verlag Hans Huber.
Watzlawick, P. (2006). Anleitung zum Unglücklichsein (6. Auflage). München: Piper.
Welter-Enderlin, R. & Hildenbrand, B. (Hrsg.) (2006). Resilienz-Gedeihen trotz widriger Umstände. Heidelberg: Carl-Auer.
World Health Organization. (2001). International classification of functioning, disability and health: ICF. World Health Organization. Zugriff am 20.06.2020 unter https://apps.who.int/iris/handle/10665/42407

Stichwortverzeichnis

A

Abschluss 114
Aggressionen 30, 37, 47
Allparteilichkeit 103, 130
Arbeitsbelastung 46, 84
Asperger-Syndrom 10, 13, 17
Auftragsklärung 50, 94, 110
Autismus 10, 14–16, 27, 55, 79, 130
- Auswirkung 17
- Besonderheiten 19
- Diagnose 23
- Diagnosestellung 17 f.
- Geschlechterverhältnis 13
- Grundbereiche 18
- neuropsychologische Untersuchungen 14
- Symptomatik 9
- Ursachen 14

Autismus-Spektrum-Störung 9–11
Autismus-Therapie 77

B

Beeinträchtigung 9, 17
Behindertenrechtskonvention 41 f.
Behinderung 10, 15, 27, 73
Belastung 38, 48
Benachteiligung 41
Beratungsarbeit, typische Themen 33, 36, 45, 50

C

CARS, Childhood Autism Rating Scale 10, 12

D

Daumenfeedback 114
Deutungsmuster 28
Diagnostikmanuale 9
dimensionale Diagnostik 10

Diversität 90
DSM 9 f., 71

E

Einstiegsfragen 109
Eisbergmodell 112 f.
Eltern 28, 42, 48, 51
Entlastung 22, 35, 38, 86, 124
Entspannungsmethoden 22
Erstberatungen 48
Erzieherinnen 33
Erziehung 25
Evaluation 61, 120, 128
exekutive Funktionen 15

F

Fachberatung 49, 96–99
Fachleute 29
Fallbearbeitung 112
Familie 23 f., 27 f.
Familienresilienz 23, 74
Feldkompetenz 96
Flexibilität 15
Förder- und Beratungsstellen 48–50, 89, 97
Förderplan 53
Förderung 36, 48, 51, 53, 55, 61 f., 83, 117
Fort- und Weiterbildungen 49
Fragetechniken 107 f., 126

G

Gesundheitsförderung 125
Grenzen 87 f., 129

H

Haltung 37, 116, 118, 130
Handlung/Interessen 20
Hans Asperger 9
Humor 25, 31, 105

I

ICD 9 f., 71
Inklusion 40 f.
Integration 41

K

Kita 32 f., 35
Klassifikation 10
Klassifikationssystemen 71
Kohärenz 74
Kommunikation 19, 81
Komplexität 60, 103–105
Konflikte 39, 46, 111
Konfrontationen 30
Kontakt 19, 54
Kontakt- und Beziehungsorientierte Ansätze 54
Kontexte 32
Kooperation 38, 66
Kostenübernahme 26, 48, 77
Kybernetik 68 f.

L

Lehrerinnen 37
Leo Kanner 9
Lösungsfindung 110
Lösungsorientierte Kurztherapie 65

M

Mailänder Modell 64 f.
Methoden 54 f., 108, 126

N

narrative Ansätze 75
narrative Denkrichtung 67
Neuropsychologie 14
Neurotypische 16
non-direktive Verfahren 54

P

Partizipation 80
Passung 120
PECS 58
Personalschlüssel 46

Q

Qualitätssicherung 51, 127

R

Rahmen 52, 75, 79, 116, 120
Reflecting Team 66 f.
Regelschulen 36, 38
Resilienz 23, 28, 74
Ressourcen 28, 35, 43, 47, 51 f., 74, 117
Routinen 30

S

Schule 36 f., 39, 43
Selbstbestimmung 34
Selbstbild 78
Selbstermächtigung 118
Selbstfürsorge 111
Selbsthilfe 16
Selbstreflexion 84
Sozialrecht 79
Sprache 19, 31, 67
Stärken 129
Stress 21 f.
Strukturierung 56
Supervision 93, 95–98, 102
Symptome 72
System 63 f., 69 f., 73, 79
systemisch 70 f.
systemische Supervision 93
Systemische Therapie 63
Systemtheorie 68

T

TEACCH 56 f.
Teilhabegesellschaft 41
Theory of Mind 14, 77
tiefgreifende Entwicklungsstörung 9, 15
Tipprunde 110

U

Umsetzung 116, 121

V

Verantwortungsverteilung 101
Verhaltensauffälligkeiten 43
Verhaltenstherapeutische Ansätze 55
Verteilung der Verantwortung 116
Visualisierung 56, 126
von 0-10 109

W

Wirkfaktoren 128
Wirksamkeit 61, 87, 102, 127
Wohnstätte 44–46

Z

zentrale Kohärenz 14